# 方志敏

中华先烈人物故事汇

主编 张树军

副主编 王相坤

编著 王相坤 李克实

学习出版社

# 目 录

Contents

# 引　子

方志敏，1899 年 8 月 21 日生，江西弋阳人。1935 年 8 月 6 日在南昌下沙窝就义。

方志敏是伟大的无产阶级革命家、军事家，中国共产党早期农民运动的杰出领袖，土地革命时期闽浙皖赣革命根据地的主要创始人。在党的六届五中全会上增选为中央委员。2009 年被评为“100 位为新中国成立作出突出贡献的英雄模范人物”。

方志敏早年在家乡求学。1918 年组织激进学生团体九区革命青年社。1919 年秋入南昌省立甲种工业学校学习。1921 年秋考入九江南伟烈教会大学学习外语。1922 年加入中国社会主义青年团，1923 年 3 月加入中国共产党。1925 年 7 月起任国民党江西省党部执行委员兼农民部部长。1927 年 1 月任中共江西区委工委书记，2 月任中共江西省委农民协会秘书长，4月任改组国民党江西省党部筹备员。大革命失败后，任弋阳、横峰等五县工作委员会书记兼武装起义总指挥。1929年10月起任信江苏维埃政府主席。1930年2月起任信江革命军事委员会主席、赣东北特区革命委员会主席。1931年起任赣东北特区苏维埃政府主席兼红十军代政治委员。1932年冬起任闽浙赣省苏维埃政府主席。1933年12月任中共闽浙赣省委书记。1934年11月起任闽浙赣省军区总指挥部司令员、红十军团军政委员会主席。1935年1月所部于皖南怀玉山地区遭到国民党军重兵围攻，1月29日被捕。在生命的最后日子里，方志敏每天写作16个小时，留下了13万多字的文稿，包括《清贫》《可爱的中国》等文章。

在36年的人生征途中，面对苦难深重的祖国，面对多灾多难的民族，方志敏以坚定的共产主义理想信念、光风霁月的高尚品格，一往无前，秉志直行，探索救国救民的道路，直至为中国革命和中华民族献出宝贵生命，成为中国共产党人为崇高信仰激情燃烧自己的光辉典范。毛泽东曾称赞他是“以身殉志，不亦伟乎”的人民英雄。

# 01 “把生命都交给党”

100 多年前的江西省弋阳县漆工镇湖塘村是个绿荫如盖、风景优美的小山村，塘水如镜，小河弯弯，村前随风摇曳的稻浪给田野铺上绿色的绒毯。

这是一块神奇的土地，一块英雄的土地。1899 年 8 月 21 日，方志敏就出生在湖塘村一个世代务农的方姓人家。

方志敏出生的年代，正是中华民族“风雨如磐暗故园”的年代。中国沦为帝国主义的半殖民地，地主阶级对农民进行残酷的经济剥削和政治压迫。军阀混战，兵连祸结，广大贫苦农民啼饥号寒，濒于绝境，生活在水深火热之中。风雨如晦，中国处在巨大的社会历史变革时期。

在这样的环境中出生和成长起来的方志敏，从小就耳闻目睹封建地主阶级的横征暴敛，感受到帝国主义侵略给中华民族带来的灾难。方志敏家里很穷，虽然一家老小终日辛劳，却还是不得温饱。一到春天，家中就要缺粮断顿，一大家子几十口人只能忍饥挨饿。

8 岁那年，方志敏遵循方家男孩子要读三年书的家训，进入当地的私塾学习。小小的方志敏十分珍惜这来之不易的机会，格外勤奋用功，加上天资聪颖，很受教书先生喜爱。但家里太穷，交不起学费，11 岁后，方志敏即时常辍学务农。直到 17 岁，才在乡亲们的帮助下，进入弋阳县立高等小学学习。

这一年，是 1916 年。当时，辛亥革命已经爆发 5 年了。社会的剧烈变革引起思想文化领域的空前活跃，新思想在中国已经得到传播。光明与黑暗，进步与倒退，冲击着方志敏年轻的心灵。

1917 年，俄国爆发震惊世界的十月革命，给中国送来了马克思列宁主义。在黑暗中摸索、在困境中求索的中国先进知识分子，看到了曙光，找到了真理。1921 年 7 月，中国共产党在上海和浙江南湖宣告成立，中国历史掀开了崭新篇章。这年春，因反对腐败教育制度，方志敏被校方开除。但他毫不灰心，继续孜孜不怠地探寻真理，于当年秋天考入江西九江南伟烈大学。

九江南伟烈大学，也称同文学院，是一所教会学校，英文学习抓得很紧。教会学校也使这里具有独特的文化氛围。方志敏在这里找到了英文版的《资本论》《共产党宣言》，他一边学习英文，一边学习革命导师的著作。为了穷原竟委、研精覃思，方志敏和几个同学一起，秘密成立了一个读书会，专门学习探讨社会主义。因为开口闭口不离“社会主义”，同学们就给方志敏起了个外号——“社会主义”。而能够阅读英文版的《资本论》《共产党宣言》，在早期中国共产党人中，还是不多见的。通过阅读马克思的著作和进步书籍，方志敏逐渐成为马克思主义的坚定信仰者。

1922 年 5 月 18 日，方志敏在《民国日报》上发表了自己的第一篇散文诗——《哭声》，无情地揭露和批判了当时的社会制度。

仿佛有无量数人在我的周围哭泣呵！
他们呜咽的悲哀的而且时时震颤的声音，
越侧耳细心去听，越发凄楚动人了！
“我们血汗换来的稻麦，
十分之八被田主榨取去了，
剩的些微，那够供妻养子？……”
“我们牛马一般的在煤烟风尘中作工、输运、奔走，
每日所得不过小洋几角，
疾病一来，只好躺着由死神摆布去了！
……

这时，方志敏还没有找到共产党，还在黑暗中独自求索。这首诗发表不久，方志敏收到上海寄来的一份中国社会主义青年团机关报《先驱》。看过之后，方志敏非常佩服报纸中提出的打倒帝国主义、打倒军阀的主张。1922 年 7 月，为了找到用马克思主义救中国的方法，方志敏离开九江，到了上海。

20 世纪 20 年代，帝国主义在强占的中国土地上建立了不少的所谓“租界”，上海也是如此。

一天，方志敏和几个朋友来到租界内的“法国公园”。公园门口刺眼的牌子赫然映入眼帘：“华人与狗不准入园。”

站在这块狰狞的木牌前，方志敏感到奇耻大辱：中国人在自己的土地上都不能自由行走！他在心底发誓：一定要赶走帝国主义，一定要砸碎“华人与狗不准入园”的耻辱牌！

方志敏在上海逗留期间，终于找到了中国共产党的领导机关，结识了陈独秀、瞿秋白等著名共产党人，遇到了已是共产党员的江西老乡赵醒侬，这成为他人生的重要转折点。1922 年 8 月，经赵醒侬介绍，方志敏加入了中国社会主义青年团。

从此，方志敏走上了无产阶级职业革命家的道路，开始了用马克思主义改造中国的伟大实践，在血与火的历练中百炼成钢，成为中华民族解放的赤色先锋。

为了在江西传播革命火种，点燃赣鄱革命烈火，1922 年 9 月，按照团中央的安排，方志敏回到南昌，在百花洲席公祠附近创办南昌文化书社，专售宣传马克思主义的著作和其他革命书籍。

历史的机缘，使有着共同革命理想追求的方志敏、赵醒侬、袁玉冰三位江西青年走到一起，成为后人首肯心折、赞叹不已的“江西三杰”。他们共同为共产主义理想而奋斗，为实现赤色江西而斗争。1923 年 1 月 20 日，方志敏和赵醒侬等创建南昌社会主义青年团支部，这是江西省第一个团组织，标志着江西反帝反封建斗争进入有组织、有领导的阶段；接着，发起筹备江西“民权运动大同盟”和“马克思学说研究会”，与袁玉冰创办报纸《青年声》，还担任过《新江西半月刊》的编辑，组织进步青年举办报告会，引导青年“以追求爱国救国为己任”，积极传播马克思主义。

经过斗争实践的考验，1924 年 3 月，经赵醒侬介绍，方志敏在南昌加入了党组织，成为一名中国共产党党员。

方志敏由此成为在江西境内加入党组织的第一个共产党员。这是青年方志敏人生探索的必然归宿，更是方志敏人生历程的崭新起点。他自豪地说：“这是我生命史上一件最可纪念的事。”“从此，我的一切，直至我的生命都交给党去了！”

# 02 叱咤风云的“农民大王”

踏上革命的风雨征程，方志敏始终保持高昂的斗志和坚定的信仰，义无反顾地投身于中国革命的滔滔激流。在轰轰烈烈的大革命时期，他按照党的指示，担任中共江西农委书记、江西省农民协会常务委员兼秘书长，成为江西农民运动的组织者和领导者，成为党内与毛泽东、彭湃齐名的杰出农民领袖。

1924 年 4 月，方志敏协助赵醒侬创建共产党领导的江西第一个工会组织——南昌铅印工会；7 月，创建江西第一个农民协会——扬子洲农民协会。在此基础上，1925 年春，方志敏与赵醒侬创建江西省第一个党组织——中共南昌支部，成为中共江西党组织的创始人之一。

1924年1月至1927年7月，是中国人民在中国共产党和中国国民党合作推动下进行反帝反封建斗争的时期，称作第一次国共合作时期，也称大革命时期。

当时，国民党实行联俄、联共、扶助农工的三大政策。国共合作之初，方志敏与赵醒侬按照党的指示，在北洋军阀统治下的江西秘密开展工作。他们一面为实现中共的奋斗目标舍生忘死、不遗余力，同时积极参与筹建国共合作的国民党江西省党部的工作。1925年7月，国民党江西省党部成立，方志敏被选为国民党江西省党部的7名执行委员之一。此后方志敏既担任中共江西农委书记、江西省农民协会常务委员兼秘书长等职务，同时兼任国民党江西省党部的农民部部长。

为了宣传马克思主义，促进革命运动开展，这一时期，方志敏多次返回弋阳，把马克思主义带回家乡。1925年夏天，方志敏在漆工镇成立党小组，1925年年底将党小组扩大为临时党支部。1926年6月，成立中共弋阳特别支部。这是在赣东北建立的第一个党支部。随后，方志敏又在横峰、贵溪、东乡等县陆续建立党组织。在方志敏等共产党人的不懈努力下，革命在赣东北深深扎下了根。

中国共产党是中国工人阶级的政党。近代中国社会的主要矛盾，是帝国主义和中华民族、封建主义和人民大众的矛盾。要使中华民族自立于世界民族之林，国家独立富强，人民获得解放，必须推翻帝国主义和封建主义的统治。指望资产阶级，不会有革命的真正胜利。工人阶级代表着新的生产力，但中国工人阶级此时的力量还很弱小。而农民占到中国总人口的 80% 以上，在封建制度的残酷压迫剥削下，有着强烈的斗争性和革命性，是中国革命的一支强大生力军。

长期生活在农村最底层的方志敏，熟知中国社会的基本情况，又掌握了马克思主义的真理，以其敏锐的阶级觉悟和斗争实践，较早关注到中国的农民问题，提出“中国之革命实质上是农民革命”。从 1924 年 7 月起，方志敏即投身农民运动的斗争实践，以极大的革命热情向农民宣传革命真理，以出色的组织才能组建江西省的农民协会，以无产阶级革命家的胆略建立农民自卫武装，为江西的农民运动、农民组织、农民革命武装建设作出了卓越贡献。

毛泽东、彭湃、方志敏，被公认为中国革命的“农民大王”。彭湃在 1923 年即认识到开展农民运动的重要性，积极投身中国农民运动。这一时期毛泽东也认识到农民在革命中的重要性。同样是在 1923 年中共三大上，通过了毛泽东提出的《农民问题决议案》，只是在此后没有具体组织实施。方志敏也是这时从事农民运动的，堪称中国农民运动的“大王”。

1925 年 7 月，方志敏回到弋阳县，在漆工镇秘密创建赣东北第一个农民协会，发动农民开展“减租减息”斗争，并通过组织“弋阳青年社”，出版《寸铁》旬刊，创办江西农民运动训练班，培养了一批农运骨干。在方志敏的积极努力下，江西农民运动如燎原之火，风发泉涌、电卷风驰地开展起来。

开展农民运动，要为穷苦农民争得利益。

江西農民運動訓練

那年夏天，江西很多地方干旱少雨，田裂禾枯，庄稼歉收。到了秋天，许多农民发愁交不起地主的租，还不了地主的债。农民的日子实在难以过下去。方志敏对此感同身受，真真切切为农民着想，设身处地为农民考虑。他召开贫雇农大会，对大家说："今年地主收租讨债，我们就要求减租减息。如果地主不肯，咱们就跟地主斗，不交租，不还债！"方志敏说到做到，领着农民积极分子，先把一个蛮横霸道的地主抓起来，要他对农民减租，并把农民被迫打的借据还给了农民。

其他农民立马有了劲头，都要地主减租减息。

方雨田与方志敏的父亲是亲兄弟，本来也是个受苦人，因后来入赘地主家为婿变成了地主。真是从恶如崩，变成蝎子就蜇人，这时方雨田仗着是方志敏的五叔，带头跳出来对抗农民运动。

方雨田气急败坏地质问方志敏："我是你亲叔，你该不会六亲不认吧？"

五叔当然要认。其他地主一看，有了个方雨田，看你方志敏咋办？于是都跟着耍起横来。

大家都在看着方志敏。方志敏觉得，不把方

雨田的气焰打下去，农民运动就难以开展，斗争就不能取得胜利。他旗帜鲜明地对大家说：“方雨田是我的五叔，但他既是地主，又和我们对抗，咱们就跟他斗争到底！”

一天晚上，湖塘村的贫雇农手拿铁叉、锄头，包围了方雨田的大院。冲在最前面的，就是方志敏。

方雨田紧关大门，躲了起来。几个农民翻墙进去打开大门，大家一下子冲进院里。方雨田狗急跳墙，拿起菜刀想行凶，几个农民冲上去夺下刀，用绳子把他捆了个结结实实。

方雨田被制伏了，减租减息运动蓬勃开展起来了。方志敏的大名也不胫而走，远近皆闻。

1926 年 5 月，方志敏作为江西省的代表，赴广州参加第二次广东省农民代表大会，同时参加广州农民运动讲习所的学习。在这里，他见到了彭湃和毛泽东。通过学习彭湃和毛泽东的农民革命思想，方志敏受到极大鼓舞，思想认识有了新的提高。

7 月，北伐战争爆发。在北伐形势推动下，

11月，方志敏指示漆工镇的党组织和农民协会举行武装暴动，史称“漆工暴动”。农民暴动摧毁反动的漆工镇派出所，赶走反动巡官，缴获两条半枪，一条“汉阳造”，一条“三八式”，还有一条截去半截枪筒的“九响毛瑟”，被人们说成是“半条枪”。这是方志敏“以武装的革命对付武装的反革命”斗争的开端，也是方志敏“两条半枪闹革命”传说的由来。

江西农民运动如火如荼，风起云蒸，方兴未艾，全省农民协会会员很快发展到5万多人。12月，方志敏任江西省农民协会筹备处秘书长。1927年2月，江西省农民协会召开第一次代表大会，方志敏当选为省农民协会执行委员兼秘书长，全权负责江西的农民运动工作。

本来，在省农协选举中，当时常驻武昌的北伐军总司令蒋介石狼贪虎视，阴谋篡夺省农协领导权，不仅派亲信捣乱，还蛮横指令采取由其圈定的办法，确定省农协的委员，企图瞒天过海，以售其奸。方志敏坚决不同意，迅即电请中央农委书记毛泽东。毛泽东立即回电：“坚决反对”“决不屈服！”

方志敏按照毛泽东的指示，据理力争，毫不退让，最终挫败了蒋介石的阴谋，捍卫了共产党对江西农民运动的领导权。

会后，江西农民运动进入全盛阶段，全省 81 个县基本上全部委派了农协筹备员或指导员，建立了农协或农协筹备组织。到 6 月上旬，全省农协会员达到 50 余万人，有些地方还建立了农民自卫军。江西成为全国农民运动规模最大的省份之一。

## 03 反击国民党右派

随着北伐战争的胜利进军，蒋介石的反革命面目逐渐暴露。北伐军进入江西后，蒋介石即把自己的总指挥部设在南昌，凭借其北伐军总司令和国民党中央常务委员会主席的身份，指派段锡朋、李烈钧控制江西党政大权，同时指使段锡朋等组织臭名昭著的 AB 团。AB 团的“AB”，是两个英文单词缩写，意思是“反布尔什维克”。AB 团是一个集地痞流氓和国民党右派分子于一体的反动组织，在屠杀共产党人和革命民众中起着马前卒和急先锋的作用。蒋介石以此为打手，鼓动国民党右派加紧篡夺革命的领导权。

1927 年 1 月 1 日，国民党江西省全省代表大会在南昌召开，方志敏作为原国民党江西省党部的7名执行委员之一，被推选为大会临时主席。在大会选举中，代表们两次选举在北洋军阀白色恐怖下坚持江西革命斗争的共产党人和国民党左派，继续担任执行和监察委员，方志敏名列其中。蒋介石赤膊上阵，假托国民党中央的名义，用“圈定”的办法，把本应是执行委员的方志敏等排斥在国民党江西省党部之外。

面对国民党右派的猖狂进攻，方志敏既坚决斗争，又忧心忡忡。他一面对AB团篡夺农民运动领导权的行为进行坚决抵制，又多次向中共江西省委负责人反映情况，要求采取对策，进行反击。但当时的江西省委负责人一味劝说方志敏妥协忍让。使国民党右派得寸进尺，狐鸣枭噪，气焰熏天，公然叫嚣要用手枪打死方志敏，变本加厉地进行反革命运动。

1927年3月6日，AB团分子在众目睽睽之下，惨杀了江西省总工会副委员长、赣州总工会委员长、共产党员陈赞贤，史称“赣州惨案”。接着，AB团又制造多起屠杀共产党人的事件，解散了由共产党和国民党左派控制的南昌市党部。吉安、上饶等10多个县接连发生捣毁革命的县党部、工会、农协的反革命事件，一些革命同志被肆意捕捉，甚至被残忍杀害。

山雨欲来风满楼。江西的革命形势岌岌可危，轰轰烈烈的大革命随时面临失败的厄运。

阴风阵阵，春雨绵绵，江水滔滔。3月中旬，方志敏作为江西农民协会的代表，和江西其他进步人士一起，从南昌经南浔转乘轮船，溯江而上，赴武汉向国民党中央和国民政府请愿，控诉蒋介石倒行逆施的暴行。方志敏此行的另一个任务，是出席由毛泽东等主持召开的中央农委扩大会议。

这时，武汉的国民党中央依然由共产党人和国民党左派占据优势，九省通衢成为革命的新都。在武汉期间，方志敏和原国民党江西省党部的左派代表以及其他革命团体的代表，一起向国民党中央和国民政府请愿，向全国发出呼吁，要求解散蒋介石一手炮制的非法江西省党部，改组挂羊头卖狗肉的反动江西省政府，为挽救江西革命形势呼号奔走。

江西反革命分子的暴戾恣睢，引起全国人民

的极大义愤，各地纷纷表达对江西人民革命斗争的支持。全国总工会、全国学生总会等许多组织和团体一致通电，声讨江西反革命事件，义正词严地谴责与质问蒋介石，要求罢免蒋介石的职务，解散江西的非法省党部，惩办反革命凶犯。

3月27日，由毛泽东、邓演达等主持的中央农委扩大会议在武汉召开。方志敏作为江西省的代表在会上发言。此时毛泽东的《湖南农民运动考察报告》刚刚发表。方志敏联系江西的实际，对毛泽东提出的观点十分赞同。他深有感受地说："毛泽东同志讲得非常对，种田没有犁耙不行，闹革命没有武装也不行！"会议最后推选了中华全国农民协会临时执委会委员，方志敏与毛泽东、彭湃等13人当选。

在中国共产党和全国人民的要求下，国民党二届三中全会免去了蒋介石的中国国民党中央常务委员会主席等职务，同时停止江西省党部执监委的活动，作出恢复南昌市党部、严拿反革命暴徒的决定。武汉国民政府还宣布免除李烈钧的省主席职务，改组省政府。国民党中央和国民政府委派方志敏和刘一峰等8人，以国民党中央特派员身份，代行国民党江西省党部的职权，全面主持江西工作，恢复江西革命秩序。

武汉之行达到了预期目的，斗争取得了初步胜利！3月底，方志敏满怀胜利的喜悦，告别毛泽东等，在武汉码头登上轮船，顺江而下，于4月2日回到南昌。

武汉斗争胜利的消息传到赣鄱大地，江西革命群众大受鼓舞。此时蒋介石已离开南昌，AB团失去了靠山，但仍旧兴风作浪，企图发动暴乱。4月1日，文学巨匠、时任北伐军总政治部副主任的郭沫若，公开发表《请看今日之蒋介石》的战斗檄文，呼吁打倒背叛革命、屠杀民众的蒋介石，在社会上引起巨大反响。而AB团的行为早已激起民众的强烈愤慨。在全国革命浪潮的推动下，在方志敏返回南昌的当天，中共江西区委在袁玉冰等人的组织率领下，在南昌市掀起群众性的“四二”革命怒潮。南昌城万人空巷，喊声震天，声讨蒋介石和国民党右派的倒行逆施，要求解散反动组织AB团。

方志敏刚放下行装，来不及喘口气，就立即

赶往群众集会现场，投入山呼海啸的火热斗争当中。当游行队伍经过百花洲，愤怒的群众冲向湖边AB团盘踞的非法省党部，“打倒AB团，活捉段锡朋”的怒吼此起彼伏，震天动地，响彻云霄。昔日飞扬跋扈的AB团分子在工农民众的斗争面前，一个个闻风丧胆，威风扫地，惶惶若狐奔鼠窜，累累如丧家之犬，或翻墙逃走，或跪地求饶，被游行群众生擒活捉。

由AB团把持3个月的国民党省党部土崩瓦解了，反动的省政府望风而逃了，猖獗一时的反动组织AB团寿终正寝、烟消云散了。4月3日，南昌市200多个群众团体、3万多人在公共体育场举行盛大集会，欢迎改组江西省政府，欢迎方志敏等中央特派员改组省党部。根据广大群众的要求，大会决定成立由方志敏等8人组成的人民审判委员会，负责处置AB团反革命案件；通电江西全省各地，对右派省政府派出的反动特派员和指导员，一律拘拿送省，听候查办。

与蒋介石国民党右派的斗争，至此取得了胜利。经过惊心动魄的较量，方志敏进一步感到，同反动势力进行武装斗争是不可避免的，革命不能没有枪杆子。为适应革命形势的发展需要，方志敏仿照广州和武昌中央农民运动讲习所的做法，创办江西农民运动训练班，并积极筹建农民武装。方志敏经常到训练班讲课，并邀请朱德等给训练班学员授课。

后来成为共和国十大元帅之首的朱德，是中国共产党的秘密党员，1926 年年底才公开中共党员的身份。北伐军占领江西后，朱德受党的委派，到南昌开展革命活动，担任国民革命军第五路军总参议兼第三军军官教育团团长和南昌警备司令、公安局长的职务，为发展和保护江西的革命力量做了大量工作。对方志敏建立农民自卫军的主张，朱德十分赞同，对方志敏提出支援农民协会部分枪支的请求，朱德大力支持。

一天，方志敏正在省农协审阅文件，农民自卫军部部长走进来，高兴地说："朱德同志派人送来了 100 多条枪。来人还说，朱局长交代，如果以后需要，可以随时去人提取。"

得到朱德的支持，方志敏十分高兴。他立即安排农民自卫军训练的相关事宜，要求："人调齐了就抓紧训练!”

省农协自卫军很快建立起来。方志敏要求全省各地农协都要建立自卫军。以后的形势发展印证了方志敏的判断。

1927年4月12日，蒋介石撕下真反动、假革命的遮羞布，在上海公开发动反革命政变，大肆屠杀共产党人。而汪精卫领导的武汉国民政府也在谋划着叛变革命。白色恐怖阴云笼罩，国民党右派一个个露出反革命的嘴脸。当年6月5日，国民党江西省政府主席朱培德开始“清洗”、驱逐共产党人，“礼送”共产党人出境。轰轰烈烈的江西农民运动夭折了。

朱培德“清洗”共产党人，自然把方志敏作为重点“清洗”对象，派出一个营的重兵，包围省农民协会，以武力收缴农民自卫军的枪械，并搜查了方志敏的住处。幸好方志敏提前得到消息，并做好充分准备，才躲过了一劫。

在狱中文稿《我从事革命斗争的略述》中，方志敏回忆起这一段斗争经历，依然耿耿于怀，心有不甘。他沉痛地说:“假若我在省农协工作时，中央指示要组织军队，那江西 81 县，每县组织一营农民自卫军是很不难的。有了 81 营农民自卫军，朱培德欢送（当时称为“礼送”，实为驱逐——引者注）我们出境，请我们滚蛋，我们倒要先欢送他，叫声‘朱先生，请你滚蛋’了。”

乌云翻滚，形势险恶，杀机重重。按照党的安排，方志敏化名李祥松，赴赣西巡视党的工作和农民运动。在当地党组织的配合下，方志敏在吉安、吉水等 4 县领导农民开展了为时两个月的声势浩大的“二五减租”运动，为农民争取了利益，取得了重大胜利。

决定中国前途命运的革命圣地井冈山，就在吉安境内。方志敏在吉安领导的农民斗争，无疑为赣西革命打下了群众基础，为此后井冈山革命根据地建立作出了贡献。像新中国第一位要求回乡当农民、被称为“将军农民”的甘祖昌，就是 1927 年 7 月经方志敏的启发引领走上革命道路，之后跟着毛主席上了井冈山，成为开国将军。甘祖昌生前多次说：“我永远忘不了方志敏烈士对我的培养教育之恩！”

# 04 发动弋横起义

1927 年 7 月 15 日，武汉国民政府公开叛变革命，宁汉合流，狼狈为奸。江西国民政府对共产党人举起带血的屠刀，江西境内的共产党员和党的组织不得不转入地下。

事发突然，猝不及防，正在吉安领导减租运动的方志敏，突然与党组织失去联系，只好暂时躲在当地农民家中。

轰轰烈烈的大革命失败了。乌云压顶，血雨腥风，不少人胆寒、退缩了，一些人甚至毁节求生、卖身求荣。但方志敏坚信，革命必定要胜利，“中国革命的复兴，革命新的高潮，必然要很快到来”！8 月中旬，方志敏听到南昌起义的消息，万分鼓舞，精神振奋。党在战斗，共产党员也要战斗！经过思考，方志敏决计利用弋阳农民运动开展较早的优势，回弋阳发动农民开展武装斗争，用武装的革命反对武装的反革命。

方志敏换上破烂衣服，头戴斗笠，脚穿草鞋，打扮成贫苦农民模样，跋山涉水，风餐露宿，突破重重盘查，用了10多天时间，独自从赣西南的吉安秘密返回赣东北的弋阳。

方志敏熟谙中国社会的基本状况，他知道，没有枪杆子就打不倒反动派。1925年冬方志敏回家乡开展农民运动，就主持出版刊物《寸铁》，意为“要和敌人斗争光有文的还不够，还要有武的——哪怕是一寸铁也是斗争的武器”。1927年2月以后，他多次指出：“县农协成立，一定要有武器。”4月下旬，江西永修和万年两县发生土豪劣绅杀害共产党员的事件，方志敏断然命令省农协农民自卫军开赴永修和万年，镇压当地的土豪劣绅。上饶地区的农民自卫军也按照方志敏的指示，于6月初组织1万多人攻下弋阳和横峰两座县城，击溃前来进犯的敌正规军一个营，并缴枪20来支。

一路风尘，一路凶险，在一个残阳如血的傍晚，方志敏回到了满目疮痍的湖塘村。这时，是1927年的9月初。

蒋介石叛变革命后，原来犹如过街老鼠的土豪劣绅又借尸还魂、死灰复燃了。弋阳九区的土豪劣绅更是气焰嚣张，拼凑了一支反动地方武装，在国民党正规军的配合下，对农民进行疯狂报复。他们知道方志敏是农民运动的领导人，湖塘村是方志敏的老家，不管三七二十一，对漆工镇一带的乡亲进行残酷镇压，放火焚烧了湖塘村和其他村的房屋。

面对敌人的残暴行径，方志敏怒火填膺。他一面安慰家人和乡亲，一面加紧工作，准备尽快发动弋横农民起义。

弋阳和横峰，是上饶辖区的两个县，彼此阡陌相间，山水相连，通称弋横。弋横处于江西省东北部，为闽、浙、皖、赣四省要冲，战略位置十分重要。这里属鄱阳湖五大水系之一的信江流域，群山连绵，千壑万岩，树大林密，同时为四省接合部，反动力量控制相对薄弱，利于开展游击战，是建立红色根据地的理想之地。加上群众基础好，面对国民党的白色恐怖，弋横人民并没有屈服，吴先民等一批共产党员带着一些农民在山里打游击，继续坚持革命斗争。

方志敏回到家乡的第一件事，就是“重起炉灶，再来干吧”！他把隐蔽在各地的同志找回来，首先建立党的组织。他忍着病痛，伴风搭雨，全力以赴，在失去与上级党组织联系的情况下，7 天之内，恢复和组成了 20 多个党支部，建立了中共弋阳区委，准备举行秋收暴动。为筹备枪支，扩大暴动队伍，方志敏按照之前的约定，到百里之外的鄱阳县，经历千险万难，秘密取回了 10 支枪。

在鄱阳，方志敏获知党的八七会议确定了土地革命和武装反抗国民党反动派的总方针。自己的行动完全符合中央精神，方志敏满心欢喜。

正当弋阳秋收暴动积极筹备之时，弋阳烈桥的大劣绅张念诚获知农民起义的消息，收买了一个营的反动军队，兵分两路，突然奔袭湖塘村，对起义进行镇压。当时方志敏和一些起义骨干正在湖塘村一带活动。由于起义工作还没有准备好，起义队伍还没有组织起来，枪支还分散在各个村里，方志敏被迫和一部分农民自卫军转移到附近重峦叠嶂的大山里面。

敌人搜捕不到方志敏，就再次纵火焚烧湖塘村，然后恫疑虚喝，撂下狠话，气急败坏、凶神恶煞般地离开了。

湖塘村浓烟滚滚，一片火海，80 多户人家的村子，50 多户的房屋被烧个精光。面对断墙碎瓦、毒燎虐焰，全村人心如刀割，悲痛不已，恨之入骨，许多人喊着要和反动派拼命。

秋暴未成村先毁。因过度劳累，方志敏旧病复发，吐血不止。但他毫不气馁，带病鼓励群众坚持斗争。方志敏创造性地在农村秘密组建半军事化的“农民革命团”，广泛发动和组织群众。他有时化装成商人，身穿淡色袍子，头戴一顶绒帽子；有时化装成农民，打一双赤脚或穿一双草鞋，与其他党员一起，到各村进行起义前的宣传发动工作。

亲眼看到反动派真枪实弹的镇压，看到敌人丧心病狂的烧杀抢掠，群众的情绪明显低落。经过方志敏和其他党员的努力，群众的情绪慢慢平复下来，革命热情又高涨起来。

一次会上，方志敏问几十位参会农民："谁欠地主的债？谁欠了租？"大家一齐举手："我们都是穷人，不穷也不来革命了！"

方志敏拿出一张红纸："我们共产党的道理就是，活不下去了，要平债，要分田，要革命！你们赞成就写上自己的名字，咱们干起来！"听了方志敏的宣传鼓动，共产党员首先在纸上写上自己的名字，接着，大家都写上自己的名字。几十个人一起宣誓："斗争到底，永不变心！"随后，选出各村的农民革命团团长，有由党员担任的，也有由农民积极分子担任的。

农民革命团就这样成立了。用这个方法，不到一个月时间，弋横地区就组织了上百个农民革命团。

这时，国民党军正规部队已经退出大劣绅张念诚所在的弋阳九区，反动劣绅失去了靠山，漆工镇一带又成了农民的天下。惨遭张念诚和白军迫害的当地农民，借机在当年10月底集合起3000多人，高举大刀长矛，攻占了张念诚的老巢——烈桥。张念诚无力抵抗，只好抱头鼠窜，从此再也不敢回到弋阳。

群众被发动起来了，起义形势一片大好！为做好起义的发动和组织工作，在此期间，在烈桥窖头村，由方志敏主持召开了著名的弋阳、横峰、贵溪、铅山、上饶五县党员会议。参加会议的有邵式平、黄道、方志纯等10多位共产党员，会上建立了以方志敏为书记的中共五县工作委员会，决定在与上级党组织恢复联系前，以五县工委作为五县党的最高领导机关，下设起义指挥部，方志敏任书记和总指挥，在年关前举行起义。会议提出，工农群众要在共产党领导下进行武装暴动，制定了“推翻帝国主义，打倒国民匪党；铲除贪官污吏，肃清劣绅地主；平债均分田地，建立劳农政府”的暴动纲领。

方志敏制订的暴动纲领，高举武装斗争、土地革命和共产党的旗帜，突出了农民运动必须在共产党领导下的指导思想，解决了从大革命失败到土地革命兴起过程中的“易帜”问题，是赣东北革命运动由退却转入进攻的标志，在中国革命斗争史上一开始即石破天惊，与众不同，独树一帜。

窖头会议后，方志敏到横峰楼底蓝家一带，黄道到弋阳九区一带，邵式平到弋阳七区一带，分头组织农民革命团。暴动在紧张的秘密筹备当中，一切都在按部就班地进行。

1928 年 1 月 1 日，农历丁卯年的十二月初九，头天刚过了腊八节，离春节还有 20 来天时间，发生了一个有些意外的事件。横峰县楼底蓝家的农民革命团成员与催税逼债的县衙官吏发生冲突，楼底村的农民革命团团长蓝长金气愤不过，动手打了县衙官吏。反动官吏狼狈不堪地逃跑了，逃跑时却扬言，第二天就派兵来楼底村抓人。

农民赶快找到方志敏，要他出主意。

方志敏想，虽然还不到预定起义时间，但现在不暴动，就会造成群众的牺牲，而起义已经基本准备就绪，干脆抓住时机，提前起义。箭在弦上，不得不发。

方志敏立即发出命令：暴动！

1928 年 1 月 2 日，农历丁卯年腊月初十，轰轰烈烈的弋横农民起义爆发了。起义农民先是擒获了前来楼底村耀武扬威的 10 多个伪警察。接着，弋横两县农民革命团云集景从，组成六路纵队，向周围猛烈进击。就像火柴，一擦就着，烈火遇干柴，一碰就燃。数日里，参加暴动的民众达到 6 万多人，暴动区域纵横弋阳、横峰两县数百里。一时间红旗漫卷，杀声震天，枪炮齐鸣，捷报频传，把个弋横闹得天翻地覆。起义农民烧了地主的地契，分了地主的粮食，狠杀了地主阶级的威风，大长了劳动人民的志气。

广大贫苦农民扬眉吐气，欢天喜地。他们从心底里拥护革命，拥护方志敏，还编了歌谣四处传唱：“湖塘塌塌岭，出个方志敏，一心干革命，为的是穷人。”

“方志敏式”工农武装割据的革命道路，波澜壮阔、气势磅礴、移山倒海地展开了！

工農紅軍萬歲！
糧
打土豪分田地！

# 05 血战东南半壁红

弋横起义犹如黑夜中升腾起的一团熊熊烈火，鸟惊兽骇，风行电击，势不可当，迅即烧红了弋横阴冷昏暗的天空。此后，弋横党组织和上级恢复联系，按照中共江西省委的决定，建立了中共弋阳县委，由方志敏担任县委书记。

革命的道路从来不是笔直平坦的。两个月后，敌人大量向弋阳、横峰增兵，围攻起义队伍。农民武装人数众多，但武器多是梭镖、鸟铳之类，全部枪支加起来只有二三十支。面对武器装备占有极大优势的国民党军队，起义队伍难以与敌人正面抗衡。加上单纯的农民武装缺乏组织纪律性，打仗时不懂得歼灭敌人，只去吓唬敌人，打败时一哄而散，打胜了就要回家过年。因此弋横起义持续了3个月，在强敌镇压下，随着万余暴动农民会攻葛源失利，最终陷入失败。

大规模的农民起义被镇压了，但革命红旗绝不能倒。方志敏及时总结经验教训，认识到没有正规的红军队伍，也能组织群众暴动，但暴动后如果没有坚强的红军队伍，武装斗争无论如何都难以坚持下去。1928年4月，在方志敏的主持下，中共五县工委会议作出“停止进攻，转移到磨盘山打游击”的战略决策，具体采取三项措施：一是集中现有枪支，创建20余人枪的赣东北第一支正规革命武装——中国土地革命军第二军第二师第十四团一营一连；二是由一些脱产干部组成武装工作队，在敌占区镇压反革命，骚扰敌人，分散敌人的进攻目标；三是在根据地内建立各村不脱产的农民军队伍，就地保护革命群众，侦察敌情，配合红军游击队进行战斗。

组织脱产的土地革命军，标志着赣东北工农武装的诞生。不久，土地革命军改为工农革命军，当年7月，又改为工农红军。赣东北的革命武装自此由小到大，由弱到强，最终发展成为具有两个正规军、数万人枪的红军队伍，成为中国革命斗争中一支锐不可当、骁勇善战的红色劲旅。

磨盘山，位于弋阳县东北部，与横峰、德兴两县毗邻，逶迤连绵一百多里，高山巍巍，林海茫茫。中共五县工委会议后，方志敏带领刚刚组建的红军部队，转战磨盘山上。他们机动灵活，声东击西，神出鬼没地打击敌人。同时在各地建立苏维埃政权，为红军游击队提供后方支援和群众支持。

磨盘山游击战的开展，使国民党反动派寝食难安。他们调兵遣将，费尽心机，成立所谓“广信七县军民联合剿匪委员会”，以 1200 多条枪的兵力，威逼数万农民，分四路向磨盘山大举进攻，对根据地进行第一次“进剿”。敌人每隔 5 至 10 里就安一个据点，推行“宁可错杀一千、绝不放过一人”的血腥恐怖政策。而红军号称“第一连”，实际上只有二三十支枪。由于敌我力量悬殊，随着敌人的蚕食包围、步步进逼，红军游击区被敌人分隔开来，游击队的活动范围越来越小。

这时，一些革命意志不坚定的人挺不住了，

丧失了战胜敌人的信心。尤其是团省委派来的特派员庞云飞，惊慌失措，不知所以，竟然提出分散隐蔽、埋枪逃跑的主张。

对这种悲观失望的逃跑主义情绪，方志敏坚决反对。1928 年 6 月 25 日，在磨盘山一个敌占区的山顶古庙里，由方志敏主持，召开了著名的方胜峰会议。

方胜峰，又名永胜峰，位于横峰与弋阳两县交界处，海拔不高，却冠于周围群山之上，竹木森蔚，秀拔不伦。古庙位于方胜峰的峰顶。参加会议的人员绕过敌人的岗哨，悄悄通过敌人的封锁线，从敌人鼻子底下来到会场。会议批判了逃跑主义的错误思想，提出坚持根据地斗争的方针，制订了“集中兵力打击敌人薄弱一路”的游击战术。会议开得很成功。当天晚上，蒙蒙细雨中，参会人员怀着兴奋的心情，悄悄地分头离开方胜峰，按照会议精神，去迎接新的战斗。

方胜峰会议统一了思想，指明了方向。会后，方志敏赴贵溪、鄱阳、万年、德兴、湖口等县，发展党组织，建立革命武装，组织农民暴动。

邵式平率领游击队，三天内纵横数百里，取得了金鸡山、樟树墩、胡家墩三战三捷的胜利。红军士气大振，游击战和根据地发展形成内外结合、此呼彼应、相互推进的局面。革命形势再现风驰电掣、蓬勃发展之势。敌人第一次“进剿”被胜利粉碎了。

方胜峰由此被当地老百姓赋予新的含义：因为是方志敏领导赣东北革命走向胜利的山峰，所以叫方胜峰。而方胜峰在方志敏出生前已被叫了上千年，可谓昭昭天意，冥冥之中?

赣东北红军队伍越战越强。随着战斗的胜利和红军队伍的壮大，一个月后，红军由“第一连”改番号“工农红军第二师第十四团”。8 月和 12 月，敌人对根据地发动了第二、第三次“进剿”，均被根据地军民粉碎。到 1929 年 4 月，红十四团改编为“江西红军独立第一团”，扩大到 5 个连、1000 余人，并于 5 月粉碎了国民党军对根据地的第四次“进剿”。至此，敌人的 4 次“进剿”全部失败。

随着红军的不断胜利和根据地的扩大，经上级党组织批准，1929 年 8 月，弋、横、德中心县委撤销，成立中共信江特委和信江苏维埃政府。方志敏担任信江苏维埃主席兼弋阳县委书记，随后又兼任贵溪县委书记、信江革命军事委员会主席。红军队伍的发展蒸蒸日上，红色根据地日益巩固扩大。

1930 年 5 月，爆发了蒋、冯、阎之间的军阀混战，国民党忙于应付中原大战，暂时放松了对根据地的围攻。此时红军独立一团在方志敏的领导下，经过两个月的整军运动，通过在连队建立党支部，设立士兵委员会，红军战士的政治觉悟大大提高，部队战斗力大大增强。趁着军阀混战，从 4 月开始，方志敏率领独立团频频向苏区外出击，3 个月内，连续进行了奔袭乐平秧坂、东取德兴城、南克铅山河口镇、智取景德镇、急袭弋阳城等战斗，肩背相望，长驱直入，风驱电扫，势如破竹。尤其是景德镇一仗，打得出神入化，十分精彩。

1930 年 7 月 5 日，在做好充分准备的基础上，红军独立团 1000 多人冒着大雨，踏着泥泞，日行军 140 里，向称作瓷都的中国四大名镇之一的景德镇进发。方志敏一身湿透，两脚泥浆，精神抖擞地走在队伍中间，给战士们加油鼓劲。快接近景德镇时，为迷惑和麻痹敌人，红军全部换上国民党保安团的服装，打着保安团的旗子，急速向景德镇逼近。

第二天凌晨，天刚破晓，雨霁风停，瓷城街道上一片空空荡荡，独立团即按照预定的时间，在地下党组织的接应下，神不知鬼不觉地进入景德镇内。敌人哨兵看见一队人马径直奔来，还认为长官驾到，迷迷糊糊地赶忙敬礼。红军战士飞步上前，不费吹灰之力，顺利缴了哨兵的枪。等到那些伪军官兵从梦里惊醒，400 多人全都当了红军的俘虏。

奇袭景德镇，红军兵不血刃，未损一兵一卒，即马到功成，大获全胜。此役缴获长短枪 417 支，黄金 2000 余两，银元 50 万元，各种物资 100 多车。红军打击了欺压群众的土豪劣绅、封建把头和反动资本家，向群众宣传红军、宣传革命。许多人第一次看到红军，了解了红军，五六天内就有 3000 多名煤矿、瓷业等产业工人参加红军。红军独立团扩大到 4000 多人。战士们换上新做的军装、子弹带，帽子上别着新发的银质红五星，精神抖擞，喜不自胜，红军队伍声势大振，面貌一新。

此后，红军一年内又3次攻克景德镇，每次均斩获颇丰。方志敏曾笑着对红军战士说：“我们的发展，靠了景德镇，要枪有枪，要人有人，要物资有物资，是苏区的万有仓库。”

红军的“万有仓库”，又何止景德镇？仅1930年这一年，红军即三次攻占上饶城，三次进占河口镇，三次进驻弋阳城。缴获百十支枪的战斗一仗接着一仗，歼敌数百人的战斗好似家常便饭。红军“收拾金瓯一片，分田分地真忙”，兵锋所指，无不披靡，横刀跃马，如入无人之境！

赣东北的红军队伍迅速发展壮大，有了机关枪，也有了小钢炮，今非昔比，鸟枪换炮，兵多将广，人强马壮。1930年7月，红军独立团扩编为独立师。9月，在独立师的基础上，建立工农红军第十军，下辖3个旅和特务团、机枪营，由上级党组织派到赣东北苏区的周建屏任军长。苏区另外成立赤色警卫团，后扩编为赤色警卫师；以红十军特务营为主力，整编充实了闽北独立团，后扩编为闽北独立师。各县都建立了地方红军赤警营。此时包括各路地方红军在内，赣东北的红军总数达到3万多人。1931年9月，中共赣东北特区改为赣东北省，1932年12月，又由赣东北省改为闽浙赣省。

短短的几年时间，方志敏即率领赣东北根据地的军民，不怕艰难困苦，不畏流血牺牲，前仆后继，英勇斗争，浴血奋战，鏖兵沙场，打出了红彤彤的东南半壁江山！

## 06 “方志敏式”根据地

实行工农武装割据，建立革命根据地，是中国革命的重要特征，也是中国革命胜利的保证。方志敏较早完成了工作重心从城市到农村的转变，白手起家，逐步推进，实行波浪式发展，领导创建了在中国革命史上占有重要地位的赣东北革命根据地，被毛泽东称为“方志敏式”的根据地。

在土地革命战争中，建立过许多革命根据地，但大都是军队开到哪里，红旗就插到哪里，革命根据地就开辟到哪里。井冈山根据地的建立主要依靠原国民革命军第二方面总指挥部警卫团，湘鄂边界根据地的开辟主要利用贺龙的旧部属关系发动起义，湘鄂赣根据地的形成是依靠国民党军独立第五师第一团举行的平江起义，左右江根据地是依靠发动广西警备第四大队、教导总队举行的百色起义。

“方志敏式”根据地创造了依靠农民武装建立革命根据地、再建立正规红军的新形式，根据地的发展也主要是通过武装斗争和白区工作相结合，逐步组织开展地方武装暴动，不断地波浪式地向前推进。通俗说，就是白手起家，无中生有，依靠党领导广大农民开展武装斗争实现的。

“方志敏式”根据地的建立，是方志敏早期革命斗争的必然延续，也是斗争形势逼出来的。当时鄱阳有个 100 多支枪的警备团，团长李新汉是共产党员。方志敏由吉安回弋阳时，在一艘船上与鄱阳党组织负责人商定，要“将警备团带到弋阳”，开展武装斗争。但后来右倾机会主义者放弃党对警备团的领导，把李新汉撵出警备团，把枪支交给了国民党。方志敏原定的计划未能实现。

弋横起义后，方志敏即开始探索建立和建设革命根据地的实践，坚持有根据地的革命斗争。

在党的早期领导人中，毛泽东最先认识到中国革命的特点和规律，从老家湖南率兵奔赴赣西南的井冈山，探索出以农村包围城市、武装夺取政权的革命道路。方志敏也较早地认识到，退到农村中的革命力量，如果没有根据地作依托，就不可能长期抵抗反革命的“围剿”，因此高度重视革命根据地的建设工作，利用赣东北地处四省交界地带的有利条件，在家门口进行开辟和发展红色根据地的斗争。

弋横起义后，方志敏即在根据地内分区域建立红色政权，并于 1928 年 5 月先后建立弋阳、横峰两个县级苏维埃政府，形成以磨盘山为中心的弋横革命根据地。随着敌人的进攻，根据地遭到严重威胁，党内出现了放弃根据地的倾向。方志敏严肃指出：脱离根据地，把队伍“拖到没有群众基础的地方，还能存在不被消灭吗？而且我们一跑，群众失掉了领导，革命运动就要立刻失败”。由于方志敏的正确决策，红军坚持“在根据地内打游击，与群众共存亡”，弋横根据地不仅没丢，而且实施了“开辟第二根据地”的工作，贵（溪）余（江）万（年）根据地胜利建立起来，上饶、德兴、铅山、鄱阳等县也相继建立革命政权。红军在根据地内如蛟龙得水、虎进深山，赣东北根据地日新月异、蒸蒸日上，实现了新的发展。

随着根据地的不断扩大，党的组织和革命政权陆续建立。1929 年 10 月 1 日，信江苏维埃政府成立，根据地也由弋横地区扩展到整个信江领域。信江特委和信江苏维埃政府下辖 9 个县委和党组织、8 个县级苏维埃政府，并且逐渐扩展到赣北、皖南、浙西一带。1930 年 4 月，特区领导机关先由弋阳九区的烈桥迁到四区的芳家墩，又于 1931 年 2 月迁驻横峰地处四县交界处的葛源。葛源就此成为赣东北苏区的红色心脏，为赣东北的革命发展提供了坚强的政治保证。

1930 年 8 月 1 日，根据党中央的决定，成立赣东北革命委员会，由方志敏任主席，将包括福建的崇安、浦城、建阳、邵武和赣东的广丰、铅山、上饶等县边区的闽北苏区，都划归赣东北特委领导。

至此，在仅 3 年多的时间里，赣东北根据地已有 6000 余名党员，苏区面积纵横 500 余里，人口 100 多万。赣东北革命形势发展犹如暴风骤雨，雷霆万钧，浩浩不可阻挡。

“方志敏式”根据地是农民武装自己创建的，必须反映农民的愿望，体现农民的主张。因此根据地建设一开始就反映了广大农民的要求，具有鲜明的土地革命战争特征。

中国革命的根本问题是农民问题，农民问题的实质是土地问题。革命前的赣东北，富者田连阡陌，贫者无立锥之地，广大农民强烈要求废除封建土地制度。方志敏经过长期的斗争实践，认为只有把土地问题置于中心的地位，始终抓住土地革命这个主题，才能赢得农民的信任和拥护，领导中国革命不断取得胜利。在弋横起义前，方志敏领导农民积极开展“抗租抗息”斗争；在武装暴动和武装割据期间，则提出“平债分田”的革命纲领，全力解决农民的土地问题。

1929 年 10 月，信江苏维埃政府成立。在苏维埃政府发布的施政纲领中，明确规定将豪绅地主的土地和教堂、寺庙、祭祀、祠堂的土地，全部没收，分配给贫苦农民。

但怎样去分配土地？没有先例可循。开始，苏维埃政府按照几千年来农民的传统理念，按人口、年龄和劳动力平均分配，明确“一切土地归苏维埃”。但经过实践，方志敏发现这样不足以调动农民的积极性。于是在1931年3月，苏维埃政府对土地政策作了若干重要改动，取消“一切土地归苏维埃”的条文，规定农民对分得的土地有使用权，也有所有权，可以自由买卖与出租出典，并给农民颁发土地证，吃下定心丸。这样既消灭了封建势力对农民阶级的剥削压迫，又适应当时的生产力发展水平，适应革命战争时期的实际需要。广大农民在政治上、经济上彻底获得了解放，政治觉悟和生产积极性大为高涨，有效地促进了根据地的巩固和发展。

工农武装开辟了革命根据地，革命根据地促进了工农武装发展。在赣东北这块不算很大的根据地上，先后组建了两支军一级的主力红军队伍，还有独立师、独立团等地方武装。根据地党的建设、政权建设、军事建设乃至社会经济文化建设，都取得了巨大成就，积累了丰富经验。

“方志敏式”根据地，具有独创性、开拓性、自主性、灵活性的特点，毛泽东对此予以高度评价。在《星星之火，可以燎原》中，毛泽东指出："朱德毛泽东式、方志敏式之有根据地的，有计划地建设政权的，深入土地革命的，扩大人民武装的路线是经由乡赤卫队、区赤卫大队、县赤卫总队、地方红军直至正规红军这样一套办法的，政权发展是波浪式地向前扩大的，等等的政策，无疑义地是正确的。"

由于方志敏对中国革命的卓越贡献，1931年11月，在全国苏维埃第一次工农兵代表大会上，毛泽东代表苏维埃中央政府，授予方志敏一枚红旗勋章。这是苏维埃中央政府的最高荣誉奖励，又被称作苏维埃功勋奖章，当时只授予了毛泽东、朱德等8人。虽然方志敏没有与会，加上战事紧张，交通阻隔，直到1933年3月方志敏才收到这枚勋章，但它说明党和人民对赣东北根据地工作的高度肯定和赞扬。

1932年3月，中央红军攻打赣州失利后，毛泽东主张中央红军主力"向赣东北发展，与那里方志敏领导的苏区连成一片"。毛泽东对"方志敏式"根据地的倚重，于此可见一斑。

# 07 能征善战的军事家

方志敏是中共中央军委确定的与毛泽东、朱德等并列的中国人民解放军36位军事家之一。方志敏的军事生涯金戈铁马，驰骋纵横；方志敏的军事成就丰功伟烈，精彩纷呈。

军事家，包括战略军事家、战术军事家、理论军事家。而方志敏在其中所有方面都表现出卓越的军事才能，都有不凡的创造。在八年的军事斗争生涯中，方志敏不仅亲自缔造了红十军、红十一军，带领千军万马浴血疆场、屡立功勋，而且创造性地建立起人民战争的武装体系，形成一整套科学的军事理论。

先说说军事战略层面。

方志敏有勇有谋，大智大勇，智勇双全。大革命失败后，“农会”的号召力渐衰渐消，难以继续起到发动群众、组织群众的作用。方志敏创造性地通过上名字画押这种新旧结合的形式，建立“农民革命团”，组织起党领导下的集军事、政权于一体的农民武装。由于切合实际，几个月的时间就建立起 170 多个农民革命团，参加农民达到 6000 余人。之后，经过两年多时间，到 1930 年 9 月，原来几十人的游击队就发展成为一支勇猛善战的红军劲旅——红十军。

1933 年 1 月，正当赣东北根据地遭受敌人第四次“围剿”的紧急关头，中央军委电令，“将红十军调往中央根据地”，并改编为红十一军。接到命令，方志敏心里很不平静，但从支援中央苏区出发，他无条件服从了中央的决定，将红十军连同邵式平、方志纯等一大批优秀军事人才，一兵不留地交给中央苏区，还带去黄金 2000 两，银圆 100 多万，药品 40 余箱。方志敏识大体、谋全局的战略家思维，感动得红军总司令朱德解下佩戴的手枪，非要赠送给红十军战士不可。

两个月后，方志敏得知，毛泽东根本不知道红十军调往赣南中央苏区的事。身在沙洲坝的毛泽东说："红十军不应当调到中央苏区来。"

红十军调走了，连名号都改了。为应对闽浙赣省的困难局面，方志敏以赤色警卫师 1500 余人为基础，集中各县独立团、营的部分人和枪，组建了新的红十军，并兼任新的红十军政委。接着开展"扩红"工作，根据地的正规红军与地方红军总数达到 3 万多人，又成为一支雄姿飒爽的威武之师。

再说军事战术方面。

方志敏从战争实践出发，总结了一整套红军战术战法："出敌不意，攻敌不备，声东击西，避实击虚，集中兵力，争取主动，围点打援，截断给养，扎口子，打埋伏，斩蛇头、切尾巴，打小仗、吃补药，打不打操之于我，吃得下就吃，吃不下就跑。"这和毛泽东、朱德总结的红军游击战术可谓异曲同工，用毛泽东的话说，"讲的差不多"。

1931 年 2 月，蒋介石发动对革命根据地的第二次"围剿"。这时赣东北红军已有很大发展，能够对付敌人的"围剿"。但新任红十军政委涂振农软弱惊慌，一仗也不打，一仗也打不了。眼看苏区一天天被侵占，方志敏极为痛心。他在特委会议上批判了红军中的逃跑主义思想。后经中央批准，方志敏兼任代理红十军政委。他立即和邵式平、周建屏率红十军主动出击，用包围设伏和奔袭战术，声东击西，围魏救赵，三战三捷，缓解了苏区的压力，使根据地稳定了下来。接着，向闽北急速进发，10 天内一鼓作气连打 11 仗，仗仗皆胜，每战必捷，收复了闽北根据地。5 月 7 日，红军回师赣东北，设伏葛源，大战芳家墩，将进攻之敌拦头截尾，隔成数段，分别包围，全歼敌第九师，粉碎了蒋介石的第二次“围剿”。

1932 年 6 月，蒋介石发动第四次“围剿”，其中用 36 个团“围剿”赣东北。9 月，方志敏临危受命，再任红十军政委，二次赴闽作战。方志敏和同志们制订周密的作战计划，在 22 天中，红十军分路牵着敌人忽东忽西兜圈子，看准机会就打它一下，先后消灭敌人 4 个团，调动敌人几个师，打乱了敌人的部署。同时扩大了闽北崇安、浦城的红色区域，打通了赣东北与闽北苏区的联系，使之和赣东北苏区连成一片；经济上筹款 50 余万元，黄金千余两，采购了大批紧缺物资。9 月 28 日，红十军返回赣东北，在遇敌伏击的情况下，临危不乱，沉着指挥，击溃敌 3 个团，凯旋而归。

1933 年 10 月，蒋介石对革命根据地发动第五次反革命“围剿”，用 10 多万兵力进攻闽浙赣苏区。方志敏领导苏区军民，运用地雷战、运动战等战术战法，有效地打击敌人，还派出大批干部深入白区，开辟了两块新苏区。12 月，方志敏任中共闽浙赣省委书记、闽浙赣军区司令员。红军队伍在枪林弹雨中越战越神勇，红军战旗在炮火硝烟中越打越鲜艳。

再说军事理论方面。

方志敏基于对中国农民问题的深刻认识，形成了中国革命的实质是农民革命、党必须组织和武装农民、革命武装必须由党绝对领导等一系列军事战略思想，创造了许多建军治军的经验。他提出“十百倍的加强政治工作”、自觉遵守红军“极端森严的铁的纪律”等全面加强红军建设的六大措施，提出坚持革命化、正规化的建军原则，较早在红军中建立政治工作制度。1934 年 2 月，方志敏撰写《建设我们铁的红军》，对人民军队建设进行了系统的实践总结和理论阐述。

1928 年 4 月，方志敏提出建立土地革命正规军、武装工作队和不脱产农民军的要求，并在之后建立起根据地的正规红军、地方红军和群众武装，形成“三位一体”的人民武装体系，创造了全民皆兵性质的作战组织，在人民军队发展史上具有里程碑式的意义。随着根据地的发展，方志敏创立的人民武装体系逐步完善。到 1932 年下半年，赣东北赤卫队人数达到 25654 名，少先队人数达到 34703 名，“作战组织”仅弋阳等 5 个县就达到 4.8 万多人。他们配合红军作战，实行武装自卫，镇压反动派，维持地方秩序，在保卫和扩展根据地的斗争中发挥了重要作用。

进行地雷战，同样是赣东北军民了不起的创造。

赣东北的群众原来有用地雷炸野兽的习惯，耗费不多，效果颇佳。方志敏根据革命斗争的需要以及根据地的地理物质条件，老方新用，偏方正用，把老百姓对付野兽的方法拿来对付国民党反动派，在根据地开展以地雷战等形式为主要特色的人民战争。当时区以上的各级苏维埃政府都设立地雷部，乡、村成立500多个地雷队，根据地男女老少几乎都会造雷和用雷。地雷有挨丝雷、踏发雷、连环雷、铁雷、石雷、罐雷等，小的几斤重，大的重100多斤。根据地兵工厂还奇迹般地造出遥控地雷——通过手摇电话机，引爆几里外的地雷。利用地雷打击敌人的方法非常巧妙，山头、路口、水边、树上、门顶、灶膛，地雷无处不在，进犯之敌被炸得血肉横飞，和电影《地雷战》中的场景相比，有过之而无不及。仅在1932年，赣东北军民就用地雷炸死3000多名敌人。1934年4月，中共中央、中华苏维埃政府中央人民委员会在《给战地党和苏维埃的指示信》中，号召“利用赣东北苏区的经验，充分使用挨丝雷并各种各样的地雷，以轰炸进攻的敌军”。

赣东北的人民战争威武雄壮，波澜壮阔，有声有色，保卫了红色根据地，使进犯之敌一筹莫展，束手无策。蒋介石在签署江西《清乡报告》时

曾无奈地哀叹："进入赣东区域，军队如入沙漠，无从栖身觅食。"

方志敏还创办了工农红军的第一所军事学校——信江军事政治学校。1929年10月，信江军政学校在弋阳九区成立，方志敏亲题校训："造就红军铁军骨干，争取革命战争胜利"，并兼任军校政委。信江军政学校共举办8期，为红军培养了黄开湘、吴克华等一大批优秀军政干部。

赣东北的红军战士经过军校培训，战斗作风和战斗素质都有很大提高，在中国革命的征程中戎马倥偬，屡立战功。例如被周恩来、朱德称为"斧头将军"的黄开湘，被誉为铁骑二万五千里的开路先锋，即来自信江军校。黄开湘与方志敏是姑表兄弟，是赣东北早期的共产党员，经过斗争实践和军校培训，成为大名鼎鼎的红军战将。1933年年初，黄开湘随红十军进入中央苏区，先后任红军总供给部政委以及师长、师政委等职。中央红军长征途中，担任红四团团长职务，一路上冲锋陷阵，过关斩将，夺取天险泸定桥，打下要隘腊子口，在茫茫草地为全军打出北上通道。毛泽东《长征》诗中的“大渡桥横铁索寒”，就包含了对黄开湘的褒扬。毛泽东还风趣地说：有“斧头将军”为先锋，就没有过不去的火焰山！赣东北军事人员的军事素质和政治品德，由此跃然纸上，了然可见。

方志敏既有战略思维，也有实战经验，既能运筹帷幄、指挥若定，更能身先士卒、率先拼杀。

1930年，由于“左”倾冒险主义者的盲目蛮干，红军主力部队被调去攻打大城市，敌人乘机对根据地进行围攻。一些地主劣绅也开始咸鱼翻身，疯狂进行反攻倒算。为了打击敌人的嚣张气焰，保卫根据地，方志敏制订了打击土豪劣绅的作战计划。

一天傍晚，贵溪县一个被敌人占据的村子响起了马蹄声。一个穿着笔挺制服的国民党军官，仪表不凡，威风凛凛，带着两个身背驳壳枪的卫兵，大摇大摆进到村中。

村里两个地主豪绅见军官势头不小，赶忙出来迎接。

军官骑在马上，一脸官气，颐指气使，手里随意挥动着马鞭：“大部队马上就要到了，为了配合军事行动，今晚上在周家祠堂开会，所有乡绅都要参加，不到的以军法论处。”

天刚黑，周家祠堂就挤满了地主乡绅。军官用手电筒照着每个地主乡绅，拿出一个小本，一个一个点名对号。点完名，军官让地主乡绅都到里屋说话，有大事商量。

地主乡绅们想着有什么好事，乖乖进到里屋。忽然，军官掏出哨子“嘟嘟”地吹起来，祠堂四周立即进来一群手拿梭镖、土铳的农民革命团员。

地主乡绅立马吓瘫了：“你……你们?”

军官“啪”的一声，把国民党军帽往桌子上一扔。

跟随的卫兵说：“他就是大名鼎鼎的方志敏!”

地主乡绅跪到地上：“饶命！饶命!”

方志敏怒喝一声：“都给我捆起来，押回根据地，看他们手上沾没沾革命者的鲜血!”

在这个月明星稀的夜里，方志敏和战友们一起，用相同的方法，抓住了31个村的77个豪绅地主，清算了他们的罪行，打击了地主豪绅的猖狂反扑，保卫了红色根据地。

方志敏年轻时有志于投考军校，最终却没有上成军校，军事方面算不上科班出身。但他善于学习，善于创造，从战争中学习战争，从实践中增长才干，在枪林弹雨中南征北战，从“农民大王”成为著名的军事家，战功卓著，战绩斐然，并且自己创办了军校，是名副其实的军事家。

辰焕吉祥

# 08 创建红色政权

建立革命根据地，必须建立人民政权，这样才能保卫革命根据地，发挥红色根据地的功能。

方志敏和毛泽东、彭湃等党的早期领导人，基本上同时创建了中国的苏维埃政权。1927 年 11 月，在彭湃的领导下，广东陆丰、海丰先后建立苏维埃政府；1928 年 5 月 20 日，毛泽东在井冈山创立湘赣边界工农兵苏维埃政府。而 1928 年 5 月上旬和中旬，在方志敏的领导下，赣东北先后建立了弋阳和横峰两县的苏维埃政府，分别由方志敏和邵式平担任主席，是全国最早建立的苏维埃政权之一。

在方志敏的革命生涯中，除开弋阳县苏维埃

政府主席，还依次担任过4个苏维埃主席的职务：

1929年10月，方志敏任信江特区苏维埃政府主席。

1930年7月，信江特委和赣东北特委合并，并将闽北苏区划归赣东北苏区，成立赣东北特区苏维埃政府，方志敏担任特区苏维埃政府主席兼文化委员会主席。

1931年11月，方志敏在江西葛源主持召开赣东北第一次工农兵代表大会，正式成立赣东北省苏维埃政府，方志敏当选为省政府主席，并兼任财经委员会主席。

1932年12月11日，中华苏维埃政府决定，将赣东北省改称闽浙赣省，赣东北省苏维埃改为闽浙赣省苏维埃，方志敏继任闽浙赣省苏维埃政府主席。

从1928年5月开始，方志敏和"主席"二字再没有分开。

苏维埃，意即"代表会议"，是一种工人和士兵的直接民主形式。中国共产党领导下的苏维埃政权，代表着工农民众的利益，肩负着领导根据地人民进行革命斗争的重任。在其位，谋其政，方志敏深知肩负的责任重大，在苏维埃建设中，“都是用尽我所有的力量去做”。而在每个工作岗位上，方志敏都作出了重大贡献，都有独树一帜的创造。

一是建立具有严密组织形式和完整组织系统的苏维埃政权。在方志敏的领导下，赣东北苏维埃政权建设一步一个脚印，稳扎稳打，红色苏区波浪式地巩固地向前发展。在根据地内，建立了强大的党组织；努力建成适应战争和军民生产生活需要的行政组织体系和领导体制；重视和发挥群众团体的作用，建立工会、共青团、贫农团、妇女会、儿童团等各种群众组织……红色根据地由弋横而信江，由信江而赣东北，由赣东北而闽浙皖赣，一波跟着一波，一浪接着一浪，先后波及 72 个县，建立 32 个县级苏维埃政权，苏区人口发展到 100 多万，游击区人口达到 2000 多万，成为中央苏区的重要侧翼和全国六大苏区之一，被誉为“坚强的苏维埃阵地”。

二是充分体现苏维埃政权的人民性和民主性。人民的政权，应当授权于民，以民为本，由民做主。赣东北苏维埃实现了民主选举、民主管理和民主监督。其做法是，由工农兵代表大会选举产生政府执行委员会，执行委员会按照相关决议履行职能；“各级苏维埃重要的工作方针和计划，都要经过各级代表大会的决议”，并接受各方面监督。方志敏深有感触地说，“苏维埃政府，可以说是世界上最高的德莫克拉西的政府，也是最得群众的拥护和爱戴的强有力的政府”。英文中的“德莫克拉西”，就是民主的意思。

三是加强制度建设和行为规范。方志敏很早就认识到，必须使苏维埃的工作做到有规可循、有法可依。赣东北根据地先后制定了 15 件法律法规，门类齐全，自成体系。1928 年年初，方志敏亲自负责制定了《土地分配法》和《平债法》。信江苏维埃时期，颁布了《苏维埃临时组织法》等。1930 年 3 月，赣东北特区工农兵代表大会通过了《施政大纲》《婚姻法》等；1929 年 5 月，颁布独创性的 36 章 149 条的《苏维埃暂行刑律》。同时建立政治保卫局、工农检查部、裁判部，分别相当于今天的公安局、检察院、法院，保证各项政策法令的实施。加强法治，依法行政，是赣东北人民政权建设的一大亮点、一大特色。

四是加强苏维埃政权的干部队伍建设。方志敏非常注重培养造就一大批忠实为群众谋利益的苏维埃干部，教育和鼓励他们发扬民主精神、创造精神、进步精神、刻苦精神和自我批评精神，自觉同群众保持血肉关系，努力提高自身的政治理论水平，提高苏维埃政权的工作质量和工作效率。他亲自到各级培训班中去讲课，有时一天要讲 12 个小时，讲得深入浅出、鞭辟入里，学员们听得津津有味、依依不舍。

虽然战争年代条件很苦，参加革命意味着流血牺牲，方志敏依然高度重视苏区的廉政建设。苏维埃政府三令五申：不准贪污浪费，不准讲排场、摆阔气，并建立严格的监督检查制度。工农群众经常要检查苏维埃政权机关的工作，各个政权部门既要监督别人，也要接受别人监督。同时组织“工农突击队”进行突击检查，组织“轻骑队”长期对苏维埃机关进行监督检查。仅 1933 年 3 月至 10 月，就查出贪污的谷子 1135 担，大洋 3505

元。对官僚腐化、贪污浪费的惩处，非常严厉。1933 年 4 月 30 日出版的赣东北《工农报》，专门办过一次“贪污分子展览会”，将贪污分子一个个予以“示众”。

方志敏写过一系列文章，对苏维埃政权的性质、特点进行理论总结和说明，很多论述都称得上高瞻远瞩、高屋建瓴。对苏维埃的工作作风和工作效果，方志敏十分自豪。在狱中遗著中，方志敏写道，因为有了苏维埃精神，苏维埃工作人员都能“加紧的学习，进步极快”。他举例说，“赣东北省苏维埃政府的地雷部长，他是个撑船工人，他每月只用大洋三千元，能造出大小地雷一万五千个……每个地雷，平均计算，只合大洋二角”。他热情地赞扬，他们“比较当今的执政者，贪污腐化，敷衍塞责的，要高明几百倍呢”。

# 09 苏维埃的“模范工作者”

苏维埃政府是工农民众的政府。而发展革命战争，改善人民生活，是苏区人民政权的两大根本任务。对于这两大任务，方志敏都完成得极为出色。

实现农民的利益，是激发农民革命精神的内在动力，是苏维埃政权的本质规定。而满足农民需求，关键是发展生产，提高农民生活水平。方志敏“时时刻刻都是想着如何去领导和组织工农群众去参加国内战争”，“时时刻刻都在想着如何去改善群众的生活”。由此才有赣东北苏维埃的伟大创造，有了被毛泽东称作“苏维埃模范省”的苏维埃“模范工作者”。

方志敏是革命战争良好的组织者和领导者，又是群众生活良好的组织者和领导者。方志敏多次强调："虚心诚意地考虑群众的意见或要求，积极地改善全省工农群众的生活"，"要多注意日常实际问题的解决方法，应多解释和指导"。闽浙赣苏区的党组织和苏维埃明确规定，苏维埃的领导方式必须是具体的实际的群众化的，必须排斥一切官僚主义，为此专门建立了两项具体的工作制度。

一个是干部参加体力劳动制度。赣东北根据地建立之初，苏维埃干部参加生产劳动就已形成制度。1933 年春耕时，省苏维埃土地部成立帮助群众生产的"协助委员会"，各机关的负责同志都下到农民的田中，泥手泥脚，出力流汗，帮助农民耕种。方志敏带头参加生产劳动，为党员干部作出表率。他还撰写《苏维埃干部和群众关系问答》等文章，提高各级干部深入群众、与群众打成一片的自觉性。

再一个是建立工作巡视制度。当时赣东北根据地规定，各级苏维埃要有 1/3 的人留在机关工作，2/3 的人出去巡视，倾听群众呼声，为群众排忧解难。如德兴县苏维埃有13个干部，经常只有一个或两个在机关处理事务，其余都到区乡做调研工作。过一个时期，都回县里汇报，讨论作出下个时期的工作计划，然后又到基层去。这样，群众意见和政府的决定相互一致，政府人员和人民群众心心相印、水乳交融，既加强了与人民群众的血肉联系，又保证了政府的工作效率。

方志敏主持制定的苏维埃工作制度，概括地说，就是干部参加劳动制度、密切联系群众制度。正是这种别开生面的工作制度，体现了苏维埃政权的性质，密切了党群干群关系，保证了根据地的巩固和发展。1933年4月30日，方志敏撰写《怎样做乡苏工作》一文，对建立乡苏维埃代表会议等问题作出系统阐述，要求乡的苏维埃政府干部要有“冲锋突击精神”，对待一切工作要以身作则，对苏维埃的基层工作提供具体的指导。

余江县委书记因为扩大红军的任务完不成，对一位乡党支部书记大发脾气说：“毛泽东领导方志敏，方志敏领导我，我就要领导你。你不听我的话，我就要处分你。”方志敏听说了这件事，立即把县委书记找来，对其进行批评教育。他对这位县委书记说：“向下分配任务，必须符合实际情况，要帮助下级解决困难，绝对不能强迫命令。”方志敏说得语重心长，县委书记听得心悦诚服，当面检讨了错误，回去后改进了工作方法，帮助基层解决问题，很好地完成了扩红任务。

革命就是解放和发展生产力，革命必须解放和发展生产力。为了促进苏区的生产发展，改善和提高人民群众的生产生活水平，方志敏主持制定了完善的苏区农业政策，持久广泛地开展生产运动，倡导组织兴修水利，开办生产技术训练班，千方百计促进生产发展。1932 年 2 月，省苏维埃发布《关于发展耕种运动的决议》，鼓励农民开荒，当年消灭了 32 万担谷子的荒地荒田，使苏区“差不多没有荒田荒地”。对有困难的群众，借钱帮助农民购买耕牛、置办工具或做小生意。由于切合农民的愿望，苏区农业生产不断发展，在枪炮隆隆、战火连天的条件下，每年还能剩余几十万石米谷出口到白区去。而根据地的物价也相对稳定，一块钱就能买到 10 斤牛肉。

在战争年代，农民遭受了更多的苦难，苏区群众为革命承担着更为巨大的牺牲。为减轻农民负担，提高农民生活水平，省苏维埃殚精竭虑，竭尽全力。1933 年 7 月，省苏维埃政府颁发《闽浙赣苏维埃政府土地税征收法》，大幅降低土地税。同时开办工农药店，廉价卖药给群众治病，设立工农诊断处，免费为群众诊病，减少农民的医药费支出。至于孩子上学、清洁卫生、老弱病残救济等等，都列在苏维埃政府的工作日程当中，实实在在为群众办好事，办实事。

1931 年的春耕时节，方志敏听说弋阳县的西川村和洋塘源村发生了用水纠纷。为了不误农时，方志敏亲自赶到现场调解。经过耐心劝解，两个村的群众商定共同修建一座水坝，再开一条渠道，从而化解了双方的用水矛盾。

为打破敌人对根据地的封锁，方便群众的生产生活，1929 年，信江根据地刚建立，方志敏即着手开展根据地的对外贸易工作。1931 年 8 月，在各县设立对外贸易处，在信江北岸设立船舶检查所，畅通陆上、水上对白区的贸易，每月营业额

20万元，赢利1.2万—1.8万元，这在当时可是一笔不小的财富。由此“不但进口货价格减低，而群众米谷、杂粮、肥猪也得高价出口”，有力地打破了国民党的经济封锁。群众说，“这是神仙想出的办法呀！”毛泽东也表扬道，根据地开展对外贸易，“闽浙赣边区方面实行的较早，中央苏区则开始于1933年的春季。”方志敏实行的苏区对外开放政策，比中央苏区早了4年。

闽浙赣苏区政府采取的一系列政策措施，体现了苏区建设为苏区经济和革命战争服务的原则，体现了农民的利益要求和发展愿望，促进了苏区经济的发展和革命根据地的巩固。

方志敏还十分注意提高农民群众的精神文化生活。

土地革命前，赣东北90%以上的农民都是文盲。苏维埃成立后，方志敏高度关注根据地的思想文化建设工作，迅速创办了列宁师范、工农补习夜校、红色俱乐部等教育场所，创办了《工农报》《红旗周报》等报刊。不论工作多忙，方志敏都要到农民群众中去，向群众宣讲革命道理，提高农民的阶级觉悟和文化水平。为了使教育工作做到通俗易懂，老少皆宜，1930 年 1 月，方志敏亲自编写了革命新剧《年关斗争》，并乔装改扮，以主席的形象，登台为群众演出。

当年在上海，面对“华人与狗不得入内”的牌子，方志敏发誓：赶走帝国主义，砸碎这块牌子！

在闽浙赣省的省会葛源，至今保存着一座列宁公园，它是方志敏亲自参加修建的。这是中国共产党最早建造的公园，也是中华大地上第一个属于人民自己的公园。公园占地 10 亩，园内有六角亭、荷花池、游泳池，花圃路径，小桥流水，苍松翠竹，垂柳浓荫，还备有木墙、单杠、双杠等。游泳池建造了 20 多平方米、离水面高约两米的跳台，可谓意识超前，设计现代。六角亭旁，生长着一棵枝繁叶茂、生机盎然的梭椤树，是方志敏当年亲手栽下的。修建这座公园，既体现出中国人民反抗帝国主义的决心，也是为了给人民群众提供休闲娱乐的场所，提高劳动人民的精神文化享受。公园建成后，赣东北根据地运动会的游泳比赛，就是在公园的游泳池中进行的。

修建这座公园，方志敏受到上级的严厉批评，说他有和平主义思想。但战争就是为了和平。今天，当人们放眼中华大地花园一般的城市、乡村，不能不赞叹方志敏的高见远识。

方志敏领导下的赣东北苏维埃政府，处处为人民着想，事事替群众考虑，可以这样说，群众想到的，政府都想到了，群众想做的，苏维埃政府都做到了。在当时那种社会条件下，赣东北形成了一方热气腾腾、政通人和的热土，给人民群众带来了光明和希望。苏区群众热情洋溢地歌颂道：

从前开口唱山歌，
没有甜歌唱苦歌；
如今开口唱山歌，
苦尽甜来山歌多。

毛泽东常说，方志敏创立的那个面积不大、人口百万的根据地，竟能在敌人数万重兵连续4年的“围剿”中，不惊不乍地存在着，令人佩服。1934年1月，在第二次全国工农代表大会上，毛泽东说，赣东北的同志们有很好的创造，他们是“模范工作者”。他赞扬方志敏和赣东北“创造了第一等的工作”，赣东北苏区是“苏维埃模范省”。当时全国有 13 个革命根据地，赣东北省是唯一的苏维埃模范省。

1965 年 5 月，毛泽东重上井冈山。登临烽烟故地，放眼群山奔涌、旧貌新颜，遥望赣东北，毛泽东依然饱含深情地说，方志敏“是很有理想、很有气魄的革命家。他领导的苏区，由于路线对头、方针对头，广大群众很拥护他”。

# 10 “当穷人的主席”

方志敏在赣东北根据地算是最大的“官”了。但他恪尽职守，一秉至公，把手中的权力一点一滴都用在人民的身上，用在革命事业上，从没有为自己谋取过半点私利，真正做到全心全意当好人民的主席。

方志敏的妻子缪敏，1927 年和方志敏在白色恐怖的形势下结为人生伴侣，两人志同道合，情深意笃，连缪敏这个名字，都是方志敏给改的。但为了革命，他们抛开儿女私情，冒着生命危险，全力为革命奔波。

1927 年 11 月，就在方志敏呕心沥血组织弋横农民起义时，由于叛徒出卖，在赣北特委秘密机关工作的缪敏不幸被捕。两位同时被捕的党组织负责人第三天就被敌人枪杀了。缪敏机智地骗过了敌人，使敌人一直弄不清自己的真实身份。人命关天的时刻，缪敏的哥哥找到方志敏，想向他要400块大洋，拿去保释缪敏出狱。方志敏说，“哪能拿出许多钱去送给那些贪官污吏呢?”他一面做好营救工作，一面忍着内心的悲痛，继续进行农民起义的组织准备工作。

由于营救措施巧妙，12月底缪敏成功出狱，回到了方志敏身边。他们再次携手战斗，利用山间的树林茅草作掩护，忍饥受冻，餐风饮露，继续为革命事业而奋斗。

信江苏维埃政府成立后，方志敏宵衣旰食，没日没夜为革命操劳。而此时，由于敌人的烧杀抢掠，方志敏一家早已一贫如洗，生活难以为继。有人劝方志敏的母亲找方志敏讨些钱来维持生计。老人家不知道方志敏的情况，想着儿子既然当了官，就月月领饷银，而儿子的饷银，当姆妈的理当用得。

于是，老人家走了几十里山路，找到了方志敏，希望他能给点钱，帮助家里边渡过眼下的困难。方志敏清楚，家里仅供他念书的费用，从小学到大学，连本带利，欠债即达700元之巨。而自己参加革命后，家里又被敌人劫烧10余次，母亲是迫于无奈，才来找他的啊。

看到饥寒交迫的母亲，方志敏很难过。他内疚而诚恳地说："我是当主席，可当的是穷人的主席，哪里是官？信江苏维埃政府刚建立，革命才有个起头，我们每日的饭钿才七分钱呢！"

方母听明白了。老人家深明大义："姆妈这一趟没有白来，明白了仔是当穷人的主席，我苦点也舒心啦！"方志敏的婶婶还有些不太甘心："你管那么多花边（银圆），给点盐钱总行吧？"方志敏还是拒绝了。他说："我管的花边不少，不过都是革命的花边，一个铜板也动不得。要是我拿革命的花边来给婶婶们买盐，这穷人的主席我还当得？"

不仅生活中严于律己，方志敏在工作中同样严格要求自己。当时缪敏负责苏维埃政府的宣传文化工作。一次，她从缴获敌人的物品中要了块绒布，准备做演出服。这也算是工作需要了，却被方志敏批评了一顿，让立即送回去，一切按制度办事。

方志敏说，当苏维埃政府的主席，要事事注意，“一不留意，就不是我个人的事”。方志敏经常到基层，但从不允许搞迎来送往、招待送礼那一套，谁搞批评谁。他不接受任何礼品，也不允许别人和红军部队、苏维埃政府机关接受任何礼品。

江西茶，香天下。赣东北出好茶，婺源茗眉、上饶白眉，都是名茶。井冈山的茶叶甜又香，赣东北的茶叶同样甜又香。1000 多年前的中国“茶仙”陆羽，晚年选来选去，最终寓居上饶，天天都喝上饶白眉。但方志敏为了给革命节约每一个铜板，作报告、开会、讲话从来不喝茶，只喝白开水。

有一次，老百姓送来一些茶叶，警卫员泡好一杯端给他。方志敏问明情况，严肃地说：“以后不准收老乡送来的东西，他们也很困难，让他们留着卖几个钱吧。”然后拿出铜板，让警卫员送给老乡。而这几个铜板，是他一个月的津贴费。

方志敏严于律己，枵腹从公，却把人民的安危冷暖时时放在心上。

一个冬天的早上，方志敏在贵溪周坊的河边

行走，刚好看到一个老农掉进河里。河水湍急，老农挣扎着想从水里爬上来，却因年纪大、力气差，被河水冲得一个劲向水里滑去。

方志敏急忙脱下棉袄，跳进冰冷的水里，把老农救了上来。上岸后，方志敏把自己的棉袄给老农披上，自己在寒冷的清晨穿着湿淋淋的棉裤，上身仅穿着冰冷的单衣。

老农感动得热泪盈眶："你是我的救命恩人啊！"方志敏亲切地安慰他："我们都是一家人。"

1931年春天的一天，方志敏到贵溪县苏维埃政府所在地大源坞，途中看到一个小孩面黄肌瘦，方志敏立刻停了下来，细心察问。问清是着凉伤风，方志敏把随身带的"阿司匹林"拿出来，亲自喂小孩服下，还包了几片给小孩的父母。见到县苏维埃政府主席，方志敏专门询问道，乡里是不是都建立了卫生委员会？要发动群众搞好环境卫生。

这样的例子很多很多。方志敏视群众如亲人，赢得了苏区人民的真心拥护和爱戴。苏区人民诚心服从苏维埃政府和方志敏的领导，只要是政府决定要做的事，不用威力和强迫，群众都乐意接受。在赣东北苏区人民的心目中，苏维埃政府是他们的命根子，方志敏就是苏维埃政府的旗帜和象征。

有一天，方志敏和几个战士到一个村子参加会议，不知怎么走漏了消息，白狗子突然包围了村子。

“砰砰”的枪声尖厉地响起，白狗子一窝蜂似的围了过来。情况危急，方志敏赶紧指挥群众疏散，接着和战士们边打边撤。但白狗子群狼一样地嗷嗷乱叫，眼看着就要追上了！

正在这时，白狗子们却像着了魔，停脚不走了，一个个弯下身子，瞪大两眼去抢地上的银圆。当官的踢这个一脚，踹那个一腿，催促他们赶紧去追方志敏，但丝毫不济事。

趁着这个机会，方志敏脱险了。

怎么回事？地上怎么就冒出银圆来了？原来，村里的群众眼看敌人就要追上方志敏，心里着急，又没有办法。他们想着白狗子都爱财，就把打土豪分给他们的银圆丢到了路上，这实在是无可奈何，迫不得已啊！但白花花的银圆真就像是一块块白花花的肉骨头，缠住了爱财如命的一堆白狗子。

方志敏为革命作出了重大贡献，立下赫赫之功，但他从不居功自傲，党让干什么就干什么，人民需要干什么就干什么。

1933年3月23日，一年半前中央苏维埃政府授予方志敏的红旗勋章，经过曲折辗转，终于戴在了方志敏胸前。当时，闽浙赣省正召开第二次全省工农兵代表大会。与会代表听到中央政府给方志敏的嘉奖信，异常兴奋，热烈鼓掌，许多人激动得流出了眼泪，他们知道，这枚勋章，是方志敏竭忠尽智、出生入死、用生命和热血换来的，理所当然，实至名归。但方志敏把一切成绩归功于党，归功于人民。他在答词中这样说：

苏区的创造，很明显的是由于全省工农群众与全体红色战士艰苦奋斗与共产党坚强正确的领导，尤其是自一九三一年中央苏维埃政府成立后有力的领导成果。全国苏维埃第一次代表大会授给我的勋章，不仅是奖励我个人，而且是奖励全省工农群众与红色战士的光荣斗争。

# 11 坚持实事求是的模范

方志敏常说：一个共产党员，做人，要光明磊落，做事，要实事求是。

中国革命的道路岁月峥嵘，征途崎岖。实现中国革命的胜利，离不开党的正确领导，也离不开共产党员坚持原则、坚持真理的道德品质和牺牲精神。在革命斗争的历程中，方志敏始终以党和人民的利益为第一位，襟怀坦白，表里如一，是坚持党性原则的模范，是坚持实事求是的模范。

1926 年 11 月，北伐军进入江西。方志敏从革命斗争的实际出发，不顾当时省委右倾领导人的错误指令，力主派党的同志掌握地方政权和武装，要求全省各级农协都要建立农民自卫军。在方志敏的直接领导下，省农协直属建立了一支有百余支枪的农民自卫军，全省许多地方的农会都建立了农民自卫军。在主持江西农运训练班时，规定学员必须进行军事训练，为此后党开展武装斗争培养了一批干部。

赣东北根据地始终实行一条团结大多数的工作路线，这是方志敏从实际出发，正确分析革命斗争形势，作出的正确决策。赣东北根据地一建立，就突出解决土地问题。当时上级规定的土地分配政策，是地主不分田，富农分坏田。方志敏经过调查研究，认为这样必然引起大批地主、富农加剧反对工农政权，不利于革命事业发展。他明确表示：执行上级指示也要实事求是。方志敏和邵式平、黄道等同志一起，对中央工农民主政府的《土地法》进行了修正，逐步形成一套切合实际的土地分配政策，既保证贫苦农民的利益，也使地主富农都分到了土地，有了生活出路，基本上都不外逃了。

20 世纪 70 年代，有一部风靡一时、家喻户晓、堪称经典的电影《闪闪的红星》，其外景地即主要取自离方志敏家乡不远的地方，那句“我胡汉三又回来了”的台词脍炙人口，“胡汉三”也成为地主还乡团的代名词。但当年反动派疯狂“围剿”根据地时，赣东北实际上很少出现“胡汉三”。

赣东北的土地政策，遭到“左”倾路线追随者的反对和攻击，说这是“富农路线”，强令予以修改。方志敏尊重实际，坚持真理，旗帜鲜明地指出：要实事求是评价赣东北新的土地法。此后的实践证明，赣东北的土地政策符合实际，对维护党在土地革命斗争中的统一战线起到了积极作用。1930年毛泽东在《星星之火，可以燎原》中，赞许方志敏的做法，说只有这样，“才能促进革命的高潮”。

1930年7月，就在方志敏带领红军刚打下景德镇时，“左”倾冒险主义者不顾实力悬殊，硬要赣东北红军离开根据地，渡过鄱阳湖，封锁长江，攻打九江，然后配合朱毛红军夺取江西省会南昌。方志敏听后大为震惊，他认为，反动势力还相当强大，红军万万不可这样干。“左”倾主义者说服不了方志敏，就撤了方志敏军委主席的职务，同时强令红十军开往九江。

为避免红军遭受灭顶之灾，方志敏不避风险，对即将出发的红十军军长周建屏再三叮嘱：要“相机行事”，不可莽撞。周建屏按照方志敏的嘱咐，实事求是决定红军的军事行动，没有去攻打九江，也不去截断长江，而是以游击战的方法，攻下敌人力量薄弱的都昌、湖口、鄱阳等城镇，扩大了苏区和游击区。在得知蒋介石发动第一次“围剿”时，红十军又以近水楼台的优势，昼夜回师，保卫了赣东北根据地。

1931 年 1 月党的六届四中全会后，王明“左”倾教条主义错误开始了长达 4 年的党内统治。他们对方志敏的工作很不满意，派曾洪易为中央代表，到赣东北推行教条主义错误。

曾洪易，假“左”真右，最后投奔国民党，成了革命的叛徒。但当时的曾洪易打着中央的旗号，翻手为云，覆手为雨，为所欲为，对赣东北根据地和方志敏的工作指手画脚，胡乱指责，蛮横改组了赣东北的党政军班子。他在军事上坚持“持久围困堡垒”的错误战略，在政治上大搞肃“富农路线”，在根据地开展大规模的“肃反”，搞得人人自危。

赣东北根据地受到很大损失，造成十分严重的后果。

对“左”倾教条主义错误，方志敏忧心如焚，痛彻心扉。他冒着被撤职的危险，从党和人民的利益出发，坚决进行抵制，尽最大可能保护同志，减少革命的损失。路遥知骥，世伪知贤，1932 年 7 月，在根据地处于危急的关头，方志敏又获得了指挥红十军的权力。他不计个人名利得失，临危受命，躬蹈矢石，以“避实就虚、声东击西”等战术，击败敌第七十九师的进攻，率主力红军二进闽北，攻无不克，战无不胜，粉碎了国民党军的“围剿”，巩固和发展了革命根据地。

1933 年 7 月，苏区中央局盲目提出“争取联系苏区成为一片”的指示，指责赣东北根据地存在“偏安一隅不积极向前发展的保守主义倾向”，连地雷战也被说成是“单纯的防御”。方志敏依旧从实际出发，提出“巩固地向前发展”的方针，反对“左”倾错误领导者在作战中鲁莽蛮干的硬碰硬做法。为此方志敏又被剥夺了军事指挥权。

“左”倾错误造成的重大损失之一，是在根据地盲目进行所谓“肃反”斗争。方志敏对此刻骨铭心，痛心疾首。在狱中遗著中，方志敏专门写下一节，认为“肃反”工作“使革命受了不少的损失”，对此“极不满意”。他沉痛地告诉党、告诉同志，“绝不能使肃反工作扩大化、简单化，错办革命群众和同志”。他诚恳地要求“揭发过去肃反工作的错误，以作今后的教训”。在当时中央还没有对相关问题作出明确结论时，这些呼吁和呐喊，显得格外难能可贵、振聋发聩、言之谆谆。

1934 年 11 月，在北上抗日先遣队出征前，为在沿途开辟和建立新的根据地，方志敏抽调一批干部组成干部团，让他们随先遣队一起出发。原上饶县委副书记李步新回上饶与母亲告别，被当地以所谓社会关系复杂为由擅自扣留。方志敏知道后，大声说：“这是胡闹！”他亲自打电话给上饶县委，要他们把李步新送回来。之后，在北上途中，李步新被方志敏留在太平县（今安徽省黄山市黄山区）一带开展斗争。新中国成立后，李步新任中央组织部副部长等职，为新中国的建设作出了贡献。

由于“肃反”扩大化，红十军团北上之前，

赣东北苏区还有近千名所谓“嫌疑犯”被关押在劳动感化院。方志敏冒着政治风险，对这些同志采取了保护措施。方志敏知道，这些人都没有问题。在部队即将北上时，他利用此时担任省委书记和省苏维埃政府主席的职权，亲自向有关部门写信，将这些同志都调回红军部队，宣布为他们恢复党籍、军籍，使他们免受政治迫害，也挽救了一大批革命同志的宝贵生命。

烈火见真金，板荡识忠臣。“左”倾错误盛行时，方志敏常常作为被打击的对象，连为战友说句话，提出“肃反需要慎重”就受到党的处分，被扣上“对肃反动摇”的帽子，加以隔离，强令写检查。但不论在什么条件下，方志敏都不失党性原则，不改英雄本色，胸怀坦荡，无私无畏，树立了共产党人实事求是、铁骨铮铮的崇高形象。

# 12 经手百万的“清贫者”

方志敏参加革命后，舍己为公，矜持不苟，甘居清贫。他说：“清贫，洁白朴素的生活，正是我们革命者能够战胜许多困难的地方！”

方志敏曾兼任过苏维埃政府财政部部长，按他自己所说，经手的钱应有数百万元。这个数百万元，是指白花花的银圆，但为革命筹集的金钱，方志敏一点一滴都用之于革命事业，始终和红军战士们一起，“过着朴素的生活，从没有奢侈过”。

何止没奢侈过啊！寒冬腊月，北风凌厉，雪花纷飞，方志敏穿着薄薄的破棉袄，去参加贵溪苏维埃代表大会。这让人人穿着新棉袄的代表们于心不忍。大家要给他换件新的，但方志敏不同意。代表们将新棉袄拿给方志敏，他反复讲，“要节省，要减轻群众负担”，执意退了回去。夜里，冷风飕飕，寒气瑟瑟，方志敏在昏暗的油灯下，用那双震天动地、扭转乾坤的大手，捏着细小的钢针，一针一线去补自己的破棉袄。

一旁的工作人员实在看不过去，眼泪流了出来：“方主席，你是只顾革命不顾自己啊！”

由于家庭生活艰难，营养不良，生病自扛，方志敏打小身体就不好，4 岁时两腿还不能久站。之后长成了一米八的大个子，身材魁梧，仪表堂堂。但穷人生的病方志敏一样都不少，20 来岁即患上严重的肺结核和痔疮，稍微劳累即旧病复发。但为了革命，他“干而复病，病好复干”。

按说，方志敏既是领导，又是病号，受点照顾完全应该。但他一次次谢绝组织上的照顾，从不搞特殊化。

一次，方志敏发现自己吃的是白米粥，大家吃的是米糠和野菜煮的稀饭，就叫警卫员告诉伙房：“大家吃什么，我吃什么，不能特殊。”

老管理员听了警卫员的转达，喊了起来：“什

么特殊？要讲特殊也行！方主席操心又劳累，肺痨痔疮病痛常常发作，哪个要为这事‘民主’提意见，我来担当!”

方志敏很感激同志们的照顾，但还是把米粥端了回去，倒入战士的大饭锅中，和大家一起吃糠咽菜。

方志敏和普通的战士一样，除了身上穿的，仅有少量换洗衣服。由于津贴太少，连正常理发的钱都掏不起，往往要等头发长得很长才去理一次。方志敏爱干净爱整洁，不愿意留胡子，胡子长了，就自己用剪刀剪一剪，理一理。

方志敏在论述苏维埃的刻苦精神时说：“苏维埃的工作人员，为战争的领导者，自应以身作则，节衣缩食，刻苦耐劳。”正是方志敏的甘贫守节、身体力行，带动了整个赣东北根据地的风清气正、生机勃勃。正像方志敏后来所说，“赣东北党和苏维埃工作人员，除食米外，每天都只发四分大洋的菜钱”，“他们吃着这样的伙食，并无一句怨言”，“他们忍受着目前暂时的艰苦，孜孜不倦的为着苏维埃工作”。

在世俗的眼光中，当官就是为了发财，发财就要当官，“一年清知府，十万雪花银”。但在方志敏身上，这句话不再灵光。为了人民大众的利益，为了中华民族的解放，他粗衣粝食，坚守清正，安于清贫。他在狱中写出的名篇之一，就有那篇不朽的《清贫》。区区千字短文，浩浩千古绝唱，成为方志敏道德人格的闪亮聚焦，成为共产党人志行的光辉坐标。人们看到《清贫》，就想起了方志敏，就看到了共产党人。

那个众所周知的故事，叙说了方志敏被俘时的经过。两个国民党兵偶然在柴窝中发现了方志敏，并猜到他就是共产党的三省主席。国民党的兵油子高兴得发疯，认为要发大财了，至少能从方志敏身上捞到些金镯子、金戒指之类。但搜来搜去，只搜到一块怀表和一支钢笔，连一个铜板都没搜到。

国民党兵打死都不信，这么大的官会没钱。他们演戏似的扔掉扁担，拿着手榴弹，站在方志敏面前，装腔作势地拉出手榴弹引线，还有意双脚拉开一步，作出马上投掷的样子，虚张声势地叫道：“快把钱拿出来！不然就是一炸弹！”

面对国民党士兵的丑态，方志敏告诉他们："想从我这里发洋财，是想错了。"

在《清贫》一文中，方志敏把这看作"一桩趣事"。一个"趣"字，表现出方志敏对革命理想信念之真，展现出共产党人志高行洁、冰壶秋月的崇高人格。

在走向刑场前，方志敏向世人公开了自己的"传世宝"。

是不是还要问问我家里有没有一些财产？请等一下，让我想一想，啊，记起来了，有的有的，但不算多。去年暑天我穿的几套旧的汗褂裤，与几双缝上底的线袜，已交给我的妻放在深山坞里保藏着——怕国军进攻时，被人抢了去，准备今年暑天拿出来再穿；那些就算是我唯一的财产了。

几件衣物，几双线袜，这就是一个奋斗一生的共产党人的全部家产，这就是一个共产党高级干部的全部物质所有，闻之使人心悸，思之令人动容！

一生清贫，万千精神，一身正气，万民同

心！方志敏，把清贫融于对党忠诚、为民谋福之中，融入中华民族解放的伟大事业！也正因为这样，才能够做到殉国忘身，义不屈节，才终成泰山北斗，为万流景仰。

方志敏一生为革命东奔西走，最后竟没有留下一张与妻子或儿女的合影。若干年后，一位画家为方志敏和缪敏画了一张合影照片，算是对烈士的一点补偿，一点慰藉。

方志敏在狱中记述了他为什么要恪守清贫，怎样去恪守清贫："为着阶级和民族的解放，为着党的事业的成功，我毫不稀罕那华丽的大厦，却宁愿居住在卑陋潮湿的茅棚；不稀罕美味的西餐大菜，宁愿吞嚼刺口的苞粟和菜根；不稀罕舒适柔软的钢丝床，宁愿睡在猪栏狗窠似的住所！不稀罕闲逸，宁愿一天做十六点钟工的劳苦；不稀罕富裕，宁愿困穷！不怕饥饿，不怕寒冷，不怕危险，不怕困难。屈辱，痛苦，一切难于忍受的生活，我都能忍受下去！这些都不能丝毫动摇我的决心，相反的，是更加磨炼我的意志！"

1997 年 1 月 29 日，江泽民同志在中共中央纪委第八次全会上的讲话中，专门引用了方志敏的这段话，并予以高度赞扬：“这是何等坚定的革命信念！何等高尚的精神情操！”

# 13 中国革命道路的开拓者

20世纪20年代的中国，是一个政治经济发展不平衡的半殖民地半封建的国家。在中国进行革命，没有现成的路子可走。

沧海横流，方显英雄本色。毛泽东最先认识到中国革命的自身特点和发展规律，把党的工作重心由城市转向农村，探索出一条农村包围城市、武装夺取政权的革命道路。

而方志敏，同样在大革命失败后，高举土地革命和武装起义的旗帜，成为中国革命道路的开拓者和探索者，在没有现成经验、没有统一政策规定的情况下，创造出一整套建党、建军和建立红色政权的成功经验。

1927年11月下旬，方志敏领导制定了“推翻帝国主义，打倒国民匪党；铲除贪官污吏，肃清土豪劣绅；平债均分田地，建立劳农政府”的革命斗争纲领。这种把政权建设与武装斗争、土地革命紧密结合，把武装斗争与白区工作相结合的做法，具有鲜明的创造性特征，为“农村包围城市，武装夺取政权”中国革命道路的形成，提供了鲜活的例证，作出了重要贡献。

方志敏的理论创新和实践探索，来自对马克思主义的坚定信仰，来自丰富的革命斗争实践，来自深学好思的优秀理论品质，更来自对革命事业高度负责的科学精神，令后人感慨万分，念念不忘，肃然起敬。

在革命战争年代，军事斗争是第一位的，一切服从于战争需要。但没有物质资源支撑，就难以保证革命战争的进行。方志敏在做好军事斗争的同时，积极做好根据地的建设工作，创造出经济建设中的很多“第一”。

第一个提出用发展经济的办法增加财政收入；

第一个提出苏区开展对外贸易；

第一个发行红色股票……

而每一个第一，都有不同凡响的价值。

根据地的财政开支通常是用“打土豪”的办法，也就是通过剥夺现有的剥夺者来实现的。这种办法相对简单，也容易见效。但方志敏认为，土豪越打越少，土豪打完了怎么办？只有发展生产，养鸡下蛋，放水养鱼，才能持久实现根据地的发展。因此闽浙赣苏区较早运用发展经济的办法增加财政收入，把发展根据地的经济作为财政收入的主要来源。

为促进经济发展，赣东北苏区采取了一系列卓有成效的政策：鼓励农民开垦荒地，减轻农民负担，反对惰农，开展劳动竞赛；号召“各级苏维埃要利用现有的竹、树、矿山和荒地”，采用“政府投资、集体集资、个人集股”的办法发展工业生产；大力发展国营商业和合作社经济，建立具有混合经济特色的根据地经济，保证群众的生产生活需要；等等。

当时，各个根据地遭到敌人的严密封锁，面临着与外界封闭隔绝、物资短缺的局面。闽浙赣根据地也不例外。开始，有些地方对浙江、福建商人冒着风险用马驮到苏区的食盐，一律予以没收。方志敏知道后，耐心进行劝导：“你没收了，人家就不来了，你吃一次就不吃啦？不要杀鸡取蛋。”此后，赣东北根据地实行贸易自由的政策，准许外来经商，开展赤白交流，不仅不没收外地商人的货物，还对他们的经商活动予以保护和激励。由于买卖公平，公买公卖，白区的商人、小贩都愿到苏区做生意、搞买卖。闽浙赣苏区也打破了敌人的经济封锁，保证了苏区的基本物资供应。

经过积极工作和不断努力，赣东北根据地的经济得到有效恢复，还在敌人的封锁下不断得到发展，最后在根据地内基本上建成了适应战争和军民生活需要的工业体系。如根据地的兵工厂人数达到800多人，不仅能制造手枪、步枪、机关枪、子弹、地雷、手榴弹等，还能生产小钢炮，不仅质量不错，数量也很可观。这在当时简直是个奇迹。

毛泽东曾专门对此予以表扬：“闽浙赣苏区方面，那些当地从来就缺乏的工业，例如造纸、织布、制糖等，现在居然发展起来，并且收到了成效。”毛泽东还热情洋溢地表扬说：“从发展国民经济来增加我们财政的收入，是我们财政工作的基本方针。明显的效验已在闽浙赣边区表现出来了。”

闽浙赣苏区建立了自己的银行，发行了自己的货币，还发行了中国第一只红色股票，说起来令人啧啧称奇。

1933 年 9 月，蒋介石对苏区发动第五次“围剿”。当时赣东北苏区财政比较困难，为粉碎敌人的“围剿”，为革命战争筹集资金，闽浙赣省苏维埃决定为银行增资扩股 10 万元，发行红色根据地的第一只股票。股票呈长条形，长 20 厘米，宽 7.5 厘米，分上下两个部分，用不同花草纹边框装饰。股票上印有“闽浙赣省苏维埃银行”字样，注明股息标准和分红办法。原计划发行股金 10 万元，由于苏区货币的信用很高，群众踊跃购买股票，最后发行了 14 万多元，从而创造性地把资本主义的融资工具应用于苏维埃政权建设，募集的资金有力支持了革命战争，体现出方志敏开阔的世界眼光和超前思维。

闽浙赣苏区发行的股票，解放后大部分得到

兑付，有一些由于各种原因流落民间。而现在所有股票都成了宝贵的革命文物，单论经济价值，已远远超过其票面价值。

在中国革命的滚滚浪潮中，方志敏始终站在斗争的前列，不懈追求，科学探索，创造性地工作。而能够做到这一点，在于方志敏善于总结经验，实事求是地开展工作。弋阳暴动时，方志敏也曾计划“先攻下弋阳城”，不久就修正了这个想法。在军队建设中，一开始为体现民主，游击队战士参加战斗就像老百姓赶大集，想去就去，不想去就不去；战士缴到枪就像在菜摊上卖青菜，明确讲定一支枪奖励多少钱。方志敏发现问题后，及时总结经验教训，对部队进行整训，使赣东北红军成为一支纪律严明的虎贲之师。弋横暴动前，方志敏提出“平债均分田地”的口号，之后不断总结经验，制定出科学的土地制度，形成赣东北土地革命斗争中的一大创举。

方志敏的革命业绩和巨大贡献，在中国革命史上留下了鲜红的印记。1931 年 11 月，在第一次全国工农兵代表大会上，方志敏当选为中华苏维埃共和国临时中央政府执行委员、主席团委员。1934 年 1 月，在中共六届五中全会上，方志敏被增补为中共中央委员，成为党的领导集体中的一员。

# 14 “抗日先遣队总司令”

1934 年 11 月 24 日，按照党中央的战略部署，方志敏率领红十军团万余名将士，高举中国工农红军北上抗日先遣队的旗帜，踏上了中华民族抗日救亡的伟大历史征程。

当时，日本帝国主义铁蹄在践踏中国东北三省后，贼心不死，狼顾鸢视，企图侵占全中国。四万万同胞面临着沦为亡国奴的危险，中华民族到了最危险的时候！

山河破碎，狼烟四起。在中华民族处于生死存亡的关头，中国共产党以民族大义为重，号召全国人民团结起来，万众一心，共赴国难。但蒋介石和国民党政府置民族危亡于不顾，一门心思打内战，美其名曰“攘外必先安内”，对主张抗日救亡图存的中国工农红军疯狂“围剿”，对各种抗日活动严厉镇压。为唤起全民族的抗战热情，揭露国民党的不抵抗政策，粉碎日本帝国主义的侵略，1934 年 7 月 5 日，中共中央决定，以红七军团为中国工农红军北上抗日先遣队，由军团长寻淮洲、军团政委乐少华、军团参谋长粟裕带领，由瑞金向闽浙皖赣边前进，宣传党的抗日主张，推动全民族抗日救亡运动开展。此时，中央苏区第五次反“围剿”正处于危急关头，先遣队还担负着吸引国民党军队、减轻中央红军压力的战略任务。

红七军团，是由 1933 年 1 月调往中央苏区的原闽浙赣苏区的红十军改编而成的。军团长寻淮洲是一位能征善战的青年红军将领，粟裕更是被后人称作“常胜将军”。7 月 7 日，抗日先遣队 6000 余人由江西瑞金出发，经福建长汀、大田等地，直逼福州近郊。抗日先遣队沿途宣传中国共产党的抗日救亡主张，扩大红军和共产党在白区的影响。但由于在敌占区孤军奋战，红军损失很大，几个月时间，红七军团即减员近半。11 月，根据中革军委命令，红七军团与闽浙赣苏区的红十军合并，改编为红十军团，组成新的北上抗日先遣队，继续向安徽、江苏等国民党反动统治的中心区域挺进。

11月4日，正在前线参加反“围剿”作战的闽浙赣红十军奉命撤出阵地，正式与红七军团合编为红十军团，刘畴西任军团长，乐少华任政治委员，粟裕任参谋长。军团下辖3个师，原红七军团军团长寻淮洲被任命为红十军团红十九师师长。11月18日，按照上级指示，抗日先遣队由方志敏、刘畴西等5人组成军政委员会。方志敏任军政委员会主席，一般称作“抗日先遣队总司令”，统一领导闽浙皖赣边党的组织和革命武装。

实际上，从9月起，方志敏即按照中革军委电令，积极配合红七军团的行动。到11月初，形势发展和红七军团刚出发时已有了很大不同：中央红军已在长征，新组建的红十军团仅有1万余人。作为一名身经百战、久经沙场的杰出将领，方志敏知道此时以这样的兵力，完成向国民党心脏方向进军的任务，必然凶险无比。而方志敏是抗日先遣队的最高领导人，却被任命为“主席”，没有直接指挥部队的权力；他提出的闽浙赣苏区中心向闽北转移、为抗日先遣队提供后方支援的主张，也被否定。

这个时候，方志敏担任闽浙赣省委书记、省苏维埃主席的职务，事实也证明，赣东北苏区需要方志敏。这时方志敏的身体也难以适应长途奔袭作战的需要。艰辛紧张和过度劳累，使方志敏的痔疮大发，每天都流很多脓血，不但不能走路或骑马，骑马就会在马鞍子上留下血渍；连坐椅子都只能半侧着身子。留在赣东北根据地，当然意味着相对安全稳定；率领红十军团北上，面对20多万装备精良的蒋介石嫡系部队，无疑如蹈汤火，荆榛满目，几乎没有获胜的可能！

但作为一名运筹帷幄、决胜千里的军事家，方志敏深知红军北上抗日的重大意义。为了党的事业，为了民族解放，方志敏坚定地表示：“党要我做什么事，虽死不辞！”

为了做好北上抗日的准备，方志敏拖着病体，持续紧张地工作。为适应形势变化，他与省委其他领导同志商定，今后省委机关应以磨盘山为中心，统一领导和指挥闽浙赣省根据地的工作。为了坚持根据地的斗争，红十军为闽浙赣省留下一个师的主力红军，帮助根据地人民战胜敌人。

红十军将士要离开家乡，奔赴民族救亡的战场。方志敏利用一切机会，向指战员宣传中央政府的北上抗日宣言，阐述北上抗日的意义。他说，“红军是打倒帝国主义、解放民族的唯一武装，是中国的命根子。”方志敏的话，激励了红军将士抗击日寇侵略、争取民族解放的士气和决心。

面对敌人的层层包围和反复“清剿”，很多群众担心今后根据地怎么办。方志敏鼓励他们坚持革命，坚持战斗，困难只是暂时的。他告诉大家，自己的妻子和孩子都留在苏区。而闽浙赣苏区人民没有辜负方志敏的期望，在此后十分艰难的条件下，丹心碧血，捐躯殉国，坚持斗争，直到全国解放。

根据地的子弟兵马上就要奔赴抗日救亡的前线了。方志敏在葛源枫树坞红场召开群众大会，向苏区群众发表最后一次公开演说，向英雄的苏区人民作最后的深情告别。他激昂高亢的声音在枫树坞

广场上空嘹亮地回响:

“打败了日本鬼子，我们还要回来的。这一天，决不会是很远的将来。”

1934年11月24日，军号声声，战马嘶鸣。方志敏不顾患有严重的肺病和痔疮，告别妻子，率领红十军团万余将士，奉命向皖南出击，向国民党统治的中心区域挺进。

长风烈烈，长路漫漫，红军队伍红旗招展，士气高昂，犹如汹涌奔腾的钢铁洪流，在中华民族最危险的时候，冒着敌人的炮火，奔赴挽救中华民族的铁血疆场。抗日先遣队携带300多担抗日传单，一路行军，一路打仗，一路撒播，宣传中国共产党的抗日主张，号召全国四万万同胞团结起来，共同挽救民族危亡。方志敏带病行军，带病工作，一有机会，就向群众进行演讲宣传。红军北上抗日赢得了各阶层民众的支持，激发了沿途群众的抗日热情。不少老百姓主动加入红军队伍，加入抗日救亡的斗争。

由赣东北新老红十军组成的中国工农红军北上抗日先遣队，从出征到失败，只有6个月时间。6 个月里，红军行程近 3000 公里，作战 30 多次，苦战 4 个省，沉重打击了敌人，也付出了巨大牺牲。其历史功绩永远不可磨灭。在民族存亡关头，高举民族解放的旗帜，推动了全国抗日救亡运动的开展；它牵制敌军 3 个整师又 18 个团共 20 万兵力，以自己的牺牲有力策应了中央红军的战略转移，德昭后人，功耀天地！

15

# 血战怀玉山

方志敏率领中国工农红军北上抗日先遣队，由赣东北根据地出发，顶着萧萧寒风，踏着茫茫白霜，一路凯歌，一路北上，威震沪宁，直逼长江。12月中旬，北上抗日先遣队已经来到安徽境内，抗日战旗插到了中国的名山黄山北麓。

蒋介石得知红军抗日先遣队北上的消息，急忙调集20万兵力，由臭名远扬的反共将领顾祝同任总司令，以“避免国际纠纷和听闻”为由，对抗日先遣队进行围追堵截。顾祝同依照蒋介石的指令，叫嚣“必须迅速消灭方志敏部”！

红十军团处于极端险恶的境地。

12月中旬，红十军团行进到安徽太平县谭家桥一带，受到国民党军王耀武部的缠扰。军团领导经过研究，决定在谭家桥附近的乌泥关设伏，打垮尾随之敌，继续向北前进。

红十军团的这个决定是正确的。按后来王耀武所说，红军完全能打胜这一仗。但军团长刘畴西犯了麻痹轻敌和兵力部署不当的错误，使伏击战变成了遭遇战。

14 日上午 9 点多钟，设伏战斗由于过早暴露不得不提前打响。战斗一开始，长途行军、装备落后的红军立即处于下风，国民党军由惊恐万状很快占据主动。红军英勇杀敌，毕竟力量悬殊，难以取胜。而红十军团中战力较强的红十九师被部署在悬崖峭壁一带，兵力难以展开，看到伏击阵地被敌军反扑，立即主动驰援，却因河流阻挡，丧失了战机。红十九师师长寻淮洲亲率一排战士冲锋，不幸腹部中弹，光荣牺牲。

这一仗，红军伤亡 1000 多人，损失惨重。中路突破无望，方志敏当机立断，率领部队改向敌人侧翼进军。但之后刘畴西又多次出现指挥失误，痛失有利战机。经过 20 多天的连续行军作战，红军已成疲惫之师，加上孤军深入，有耗无补，难以继续进行战斗。敌增援部队则群狼一般陆续赶到。为保存抗日力量，避免无谓牺牲，方志敏决定先把部队带回赣东北，补充休整后再图北上，得到中革军委的批准。

白雪茫茫，浓雾重重。1935 年 1 月 10 日，数千名红军将士离开皖南，顶着狂风大雪，忍着疲惫饥饿，沿浙江西部的天目山脉向赣东北的怀玉山一带进发。敌人在各个要道口都驻扎重兵，封锁所有交通要道，红军只得进入深山，走那些艰险曲折、人烟稀少的山地羊肠小道。

山高路险，山风呼啸，红军战士克服一切困难，艰难地向着赣东北根据地的方向顽强前进。

经过几天的战斗行军，跨过一个个悬崖绝壁，翻过一座座崇山峻岭，突破敌人三道防线，1 月 16 日，方志敏、粟裕率领先头部队 800 余人甩开尾追之敌，进入赣东北苏区的外围区域，胜利突围在望。但刘畴西率领的 3000 多主力部队在后面跟不上来。这时大量敌军不断涌来，马上要对红军形成合围。

形势万分危急。方志敏立即给刘畴西写信，要他当天务必率领大部队赶过来，与先头部队会合。

但直到当天傍晚，方志敏才接到刘畴西的回信："部队疲劳，本日不能继进。"

这时，方志敏率部已经进入闽浙赣苏区的化婺德苏区，再过一道封锁线，即完全突出敌人的重围。接到刘畴西的信，方志敏剑眉紧锁，沉默不语。经过短暂思考，方志敏决定让粟裕带领先头部队继续前进，冲过最后一道封锁线，尽快进入基本苏区，自己返回包围圈中，去接应主力部队。

谁心里都清楚，进入根据地就有生的机会，返回包围圈则生死难卜。大家一致要求，方志敏必须先走。

粟裕主动请缨："方主席不能留下！我是参谋长，应该我留下来接应大部队！"

但方志敏认为，自己是全军的最高负责人，大部队落在后面，自己不能先走。生与死的面前，方志敏毫不犹豫地选择了凶险，把生留给战友，把死留给自己。

告别了战友，看着先头部队前进的背影，方志敏转头顶着满天风雪，率十余人趁夜重新潜入敌人的包围圈。

狂风怒吼，漫天皆白。战场上的形势风云莫测，瞬息万变。刘畴西的犹豫不决，酿成了历史性的遗憾。一夜之间，敌人包围圈层层叠叠，红军全部被围在包围圈内。

此后，红十军团主要领导人或者被俘，或者牺牲，红军战士或牺牲负伤，或被敌人打散。北上抗日先遣队出师未捷，血洒江淮，怒目苍天，泪满襟衫。

据统计，北上抗日先遣队万余名红军将士，除沿途安排部分同志在当地进行游击战，开辟根据地，最后仅有粟裕率领 400 多人成功突出重围。而闽浙赣根据地由此得以红旗不倒，炽火长烧，最终迎来共和国的开国礼炮，彩霞满天。

中华人民共和国成立后，粟裕成为开国大将。但他终生忘不了那个叫谭家桥的地方。据说，这是粟裕一生打过的唯一败仗，令将军没齿难忘，痛心不已。1978 年 5 月，时任中央军委常委的粟裕再次来到谭家桥，一个人默默坐在涧畔的巨石上，久久不愿离去。山风阵阵吹来，将军白发微微发颤，将军内心则如巨浪奔涌，波涛翻腾。要离开了，将军留下遗嘱：死后不开追悼会，不搞遗体告别，不搞任何形式，将自己的部分骨灰安葬在谭家桥，陪伴那些长眠于此的战友。

方志敏和红十军团的3000将士，都被困在了怀玉山上。

怀玉山，又称玉山、辉山、玉斗山，坐落于江西省玉山县西北60公里处，与三清山对峙相望，为信江的发源地，是鄱阳湖水系和钱塘江水系的分水岭。怀玉山山势险要，风景秀丽，峰峦交织，岭岭相间。但此时，数千名红军战士被敌人14个团压在纵横不到15里的狭小区域。敌人见人就杀，见粮就抢，见房就烧。天寒地冻，大雪纷飞，山岩披冰戴雪，树上结满冰凌。红军被围在荒山僻野中，没有吃的，只能采集野果野菜充饥。许多战士被严寒饥饿夺去了生命。方志敏和战士们一起吞雪啖草，同甘共苦。他指挥红军战士在敌人严密布置的封锁线上翻山越岭，转沟跨壑，一次次组织突围，但均未成功，直至弓折刀尽，难以回天。除了一些战士或三五成群，或成班成排冲出重围，其余 1000 多名红军战士滚烫的热血，都倾洒在冰封雪盖的怀玉山上。

部队只剩下 80 多人。方志敏饿得两腿都站不住，但依然鼓励战士："苦算什么，越苦越要干。"

突围十分困难。方志敏命令机要员烧掉文件和密码本。

有个战士建议方志敏先化装到白区躲避一阵，方志敏摇头拒绝了，他要和自己的战士战斗在一起。

连续 13 天的突围都失败了，又两日水米未进，方志敏昏倒在皖浙赣交界处陇首村的一个柴草堆里。

1935 年 1 月 29 日，由于叛徒出卖，敌人知道方志敏还在怀玉山上，于是倾巢出动，大肆搜山。匪兵们端着枪，瞪着眼，嗷嗷乱叫，满山乱窜，叫喊着去抓方志敏。在弹尽粮绝的情况下，在常人难以忍受的饥饿严寒中，方志敏不幸被捕。

本来，国民党兵搜索了 6 个小时，已是筋疲力尽，心灰意冷，准备撤退。敌人两个炊事兵上山给匪兵送饭，无意中用扁担插了一下身旁的柴堆，正好插在方志敏受伤的左腿上。

两个国民党兵看到眼前身材高大、正气凛然的红军战士，立即猜到这就是蒋介石悬赏8万大洋捉拿的方志敏！他们猜想，既然身价8万，身上带的零花钱就不会少，于是就有了方志敏狱中慷慨悲壮又诙谐幽默的记述。

16

# 文山去后一叶枫

枫树，树种繁多，树干高大，树身挺拔，遍布我国大江南北、长城内外。每到秋天，霜浸露染，枫叶如血，秋风吹来，赤红的枫叶飘着火焰一般的波浪，“染得千秋林一色，还家只当是春天”。古往今来，人们常以此称颂美好的事物，赞誉为国为民舍生取义、慷慨赴死的仁人志士。

800 年前，江西出过一位号为文山的伟大民族英雄——文天祥。其宁死不屈、殉义忘生的精神，成为中华民族傲然不屈的象征，其“人生自古谁无死，留取丹心照汗青”的诗句，更为华夏儿女千古传唱！

800 年后，江西又涌现出一位坚贞不屈、浩气凛然的伟大民族英雄——方志敏。20 世纪 40 年代，叶剑英元帅曾深情赋诗讴歌，称赞方志敏是“文山去后”“一叶枫”！

方志敏不幸在怀玉山被俘，随后被囚于南昌国民党驻赣绥靖公署军法处看守所。虽身陷囹圄，却不改松柏之志、浩气英风。在敌人的监狱中，在沉重的镣铐下，方志敏凛然不屈，坚持斗争，继续实践“努力到死，奋斗到死”的誓言，谱写出一曲慷慨悲壮的共产党人的正气歌！

一开始，国民党反动派听说抓到了方志敏，乐不可支，得意忘形，先弹冠相庆，又争相邀赏，跟着不自量力，想对方志敏进行劝降。除了方方面面的小喽啰一个个沐猴而冠、粉墨登场，国民党江西省党部书记长俞伯庆也火烧火燎，急急忙忙从南昌赶到上饶，企图劝说方志敏归降。接连碰了几鼻子灰，看到劝降无望，又一个个原形毕现，凶相毕露，给方志敏钉上一副十斤重的脚镣，要在上饶举行“庆祝大会”。

敌人把戴着铁镣的方志敏带到台上“示众”。方志敏一身浩然正气，双目炯炯，昂首而立。上饶的劳苦大众看着大义凛然的方志敏，心情沉重，许多人低下了头，暗暗落泪。

敌人的军官气焰嚣张，在台上喊起反共口号。但只有他一个人怪叫，台下无人响应。军官恼羞成怒，面目狰狞，把手枪扔在桌子上，怒吼着：“谁不喊就抓起来！”

台下仍然一片沉默。台上的敌人面面相觑，掩饰不住的泄气沮丧。远处传来阵阵松涛，犹如在鸣奏一曲英雄乐章。方志敏的心中非常欣慰，他知道，苏区人民心向共产党，心向苏维埃。敌人的第一次“庆祝大会”，被迫草草收场。

弋阳是方志敏的家乡，是方志敏最早开展革命斗争的地方。敌人动用了4辆铁甲车，开了9辆大卡车，狐假虎威，簸土扬沙，把方志敏解往南昌。途中经过弋阳，为炫耀胜利，震慑根据地的群众，敌人又想在弋阳开“庆祝大会”。可是，愤怒的几千名弋阳百姓闻讯后，个个手拿锄头、木棍、扁担，聚集在公路两旁。敌人一看这阵势，哪敢开什么大会庆祝？慌忙把方志敏押进装甲车，匆匆逃走。

到了南昌，敌人还不死心。为欺骗舆论，恐吓群众，2月6日，他们再次把方志敏押上装甲车，在南昌城内游街示众，要在南昌豫章公园召开“庆祝生擒方志敏大会”。

天凝地闭，春寒料峭。方志敏戴着脚镣，面对路两旁的群众，英气不衰，豪气不改，微笑着向大家抱拳致意。

公园里军警如林，阴森恐怖。因为腿上有伤，戴着脚镣，不能行走，敌人不得不弯下腰，把方志敏背到台子上。

全场屏息无声。方志敏睁大眼睛，目光如炬，正气凛然，器宇轩昂。他轻蔑地看了一眼国民党的军政要员、宪兵警察，平静而坚定地向台子下面缓缓扫视了一遍，接着就要利用敌人搭起的台子，向群众宣讲革命的道理。

国民党军政要员一看，吓得惊慌失措，赶紧下令：“快！快把他拉下去！”

一位美国记者清晰地记下了当时的情景。

戴着脚镣手铐而站立在铁甲车上的方志敏，

其态度之激昂，使观众表示无限敬仰。周围是由大队兵马森严戒备着。观众看见方志敏后，谁也不发一言，大家默默无声，即使蒋介石参谋部之军官亦莫不如此。观众之静默，适证明观众对此气魄昂然之囚犯，表示无限之尊敬及同情。

方志敏后来说：“我自问是一个清白的革命家，一世没有做过一点不道德的事，何所愧而不能见人。”

从上饶到弋阳、到南昌，敌人三次召开“庆祝大会”，三次都没开成。连敌人的报纸也承认：“方志敏反对一切提议，态度非常强硬，看出他至死不会动摇。”

方志敏是一个共产党人，是在奔赴中华民族救亡图存的战场上被捕的。国民党当局很清楚，如果直接对方志敏施以极刑，必然引起全国人民的愤慨，暴露自己投降卖国的嘴脸。他们也知道，对方志敏这样的共产党人，如果来硬的，肯定是竹篮打水一场空。无奈之下，国民党当局还想通过软硬兼施的手段，逼迫方志敏就范。俞伯庆按照蒋介石的旨意，驴蒙虎皮，狗仗人势，再次到狱中对方志敏进行劝降。

俞伯庆假惺惺地说："蒋委员长很想重用你，你为什么不早点出来呢?"

方志敏用鼻子哼了一声："蒋介石是什么东西!"

俞伯庆劝降不成，敌人军法处处长又来"谈话"。他喊手下搬来一张凳子，又说是"蠢猪"搬来的，对方志敏不尊重；接着换成一把椅子。然后装作推心置腹地对方志敏说："像你这样杰出的人才，国民党会给你高官厚禄的。"

方志敏打断他的话："共产党人信仰共产主义，功名利禄视如粪土。"

军法处长说："你知道你们那个孔同志吧！他现在在我们这里是少将参议，春风得意着呢!"

方志敏站起身来，厉声喝道："他是无耻的叛徒，我决不会像他一样!"

之后，劝降的人接踵而至，五花八门，有官僚政客、军阀党棍，有故交旧友、老师同学，甚至还有华装艳服的年轻女人，有大鼻子蓝眼睛的耶稣堂教士。

对所有劝降者，方志敏都嗤之以鼻。

1935年6月，方志敏的妻子缪敏再次不幸被捕，被关押在南昌女子监狱，和方志敏的监狱仅一墙之隔。反动当局似乎又抓到一根稻草，以夫妻父子感情对方志敏进行诱降。方志敏同样严词回绝："我失去了自由，妻子和儿女哪还能顾得到？"

不得已，敌人提出一个要求：只要在报上登则启示，说自己脱离共产党，就马上委以重要官职。

方志敏的回答，仍是轻蔑一笑。理想之光不灭，信念之光不灭，他抱定为革命献身的决心，在狱中写下这样的诗句。

敌人只能砍下我们的头颅，
决不能动摇我们的信仰！
因为我们信仰的主义，
乃是宇宙的真理！
为着共产主义牺牲，
为着苏维埃流血，
那是我们十分情愿的啊！

明月有幸，江淮有幸，中华民族有幸！能写出如此就义诗的人，谁还会是他的对手？方志敏，犹如一株傲然挺立的参天红枫，一冠冲天，血色流丹，光耀河山！

# 17 血性文章血写成

入狱之初，方志敏就知道：死，是无疑的。然而失去生命，就失去为党工作的机会，这使方志敏感到十分痛苦：“十余年积极斗争的我……再不能继续斗争了！”

方志敏想过越狱，但做好死的准备，“能成功更好，不能成功则坚决就死！”而当时革命处于艰难时期，缺少外面党组织的接应，越狱不可能成功。

国民党的监狱戒备森严，惨无人道，对共产党人更是凶残成性，严刑相逼。方志敏作为共产党的三省主席，自然被严加看管，想在敌人监狱中为党工作，那是比登天还难。

但敌人的愚蠢，使方志敏有了为党工作的机会。方志敏的社会影响力以及抗日先遣队总司令的身份，使蒋介石难以立即痛下毒手，因此撞到南墙难回头，幻想日头打西边出来，用各种手段使方志敏“归降”。于是把关押方志敏的囚室由“最苦最糟”的号子，换成“优待号”的牢房。

当时，国民党内部矛盾百出，狼争鼠斗狗咬狗。为此蒋介石在国民党监狱中设了“优待号”，用来软禁国民党内有碍于其统治的人。“优待号”犯人在监狱里能自由行动，可以打麻将、寻开心，随时与家人相见，并且每月还发薪饷，觉得监狱的饭菜不合口，还能到外面的饭馆点菜。

入狱两个月后，方志敏也住进了“优待号”。

但国民党的监狱，对共产党人从来不会优待。和其他“优待号”犯人不同，在“优待号”中，方志敏一直戴着沉重的铁镣，不允许随便行走，更不能与监狱外面的人见面。

不过，住进“优待号”，表面上毕竟比较自由。敌人天天拿着纸笔，要方志敏写“供词”。方志敏对此不屑一顾，置之不理。他想过，能不能利用生命中的最后时光，把自己革命的战斗经历和经验教训写出来，继续为党做些工作？可想到写好后难以传出敌人的监狱，只好遗憾作罢。

但国民党的监狱，不是铁板一块。方志敏的高尚人格，感染着监狱中的看管人员，也感化了其中的一些人。在方志敏的真诚感召下，加上弄不清蒋介石的意图，监狱看守中不少人反过来向方志敏献殷勤、套近乎，提供方便，甚至通风报信。而3个人的出现，使方志敏有了在狱中写作的可能。

一个是看守所代理所长凌凤梧。他敬慕方志敏的为人，尽力为方志敏提供方便。他借口“劝降”需要，把方志敏脚上的重镣换成了3斤多重的轻镣。20年后，正是凭着这个铁镣，找到了方志敏烈士的遗骨。

另一个是住在“优待号”里的犯人胡逸民。胡逸民曾是国民党的中央监狱长，当过四一二反革命政变清党委员会主席。此时蒋介石为了坐稳自己的位子，把他软禁在“优待号”，同时要他监视和劝降方志敏。可蒋介石做梦都没想到，胡逸民被方志敏的人格感染，与方志敏结下生死之交，不但自己为方志敏跑前跑后，还说服妻子为方志敏传递文稿。

还有一个，是监狱中的文书高家骏。他非常佩服方志敏，方志敏多次给他讲革命道理。熟识之后，方志敏求他把自己的书稿带出监狱。据说，这个具有正义感的青年跪在地上哭着说："我知道你是为穷人革命的好人。我就是提着脑袋也要把你的东西送到。"他言而有信，最后真的做到了。

有了这些条件，方志敏就能为党继续工作了。

"春蚕到死丝方尽，蜡炬成灰泪始干。"之后的几个月中，方志敏把对党、对祖国、对人民的爱，全都用生命的最后时光编织倾诉出来，实践了"把生命交给党"的豪迈誓言！正是这种崇高的理想信念，支持着方志敏在100多天时间里，奇迹般地写出了13万多字的文稿，使后人读到《可爱的中国》这样传颂千古的名篇，使方志敏在千千万万革命烈士中显得卓然超群，于悲壮中见精神，在生死中见伟大。

方志敏要写"东西"了！愚蠢的敌人眉开眼笑，很是得意，笔墨纸砚全力配合。之后的4个月里，方志敏孜孜不倦，笔耕不辍。敌人除了对拿出几百张纸却见不到任何想要的“东西”感到困惑，被方志敏以“冲到马桶里”予以搪塞，还以为方志敏真的在写“供词”。他们打破脑袋也想不到，方志敏正在以特殊的方式，把监狱当战场，以纸笔作刀枪，为党和人民工作，与反动派进行战斗。

方志敏有着深厚的文字基础和写作功底。学生时代，就在《民国日报》等报刊发表作品，1923 年，方志敏的小说《谋事》与鲁迅、叶圣陶等著名作家的作品一起，入选过上海小说研究所编印的《小说年鉴》。投身革命后，当然无暇写作。在敌人的监狱中，方志敏则迎来了写作的巅峰期。

方志敏在敌人的监狱中写作，在敌人的刺刀下写作。他写狱中人、狱中事，揭露国民党反动派的黑暗和荒谬；他用血泪叙述人生，讴歌人民，赞扬革命；他用坚定的理想信念歌颂明天，向往光明。他不知道自己的这些文稿是否真能送出敌人的囚牢，更不知道他的狱中遗作有一天能够为万众敬仰、万代传颂，但只要有一点机会，就要为党工作。方志敏在向党向人民捧出一颗火热赤诚的心灵。

严重的肺病与痔疮，使方志敏时时遭受病痛的折磨，往往写不了多大工夫，就感到头晕难支。他强忍病痛，咬牙坚持，一字一字地写，一句一句地写，一丝不苟地写，一刻不停地写。实在忍受不住，才停下来喘口气。因为他知道，敌人留给自己的时间不会太长，他要夜以继日地工作。

方志敏在狱中坚持斗争6个月零7天。这6个月零7天，同样是方志敏革命斗争生涯中的精彩华章，照样迸射出共产党人灿烂无比的人生光华。他对自己的人生，对从事革命事业的斗争经历，进行了全面总结回顾，其中有反思，有遗憾，更有自豪和骄傲。由于担心敌人突然搜查，方志敏想出各种办法应对；由于怕文稿传不出去，有时一份文稿要誊抄多遍。

爱国与创造，是方志敏精神的核心内涵，也是方志敏狱中文稿的绚丽篇章。当时的中国，风雨如晦，国敝民穷，但他坚信，“中国一定有个可赞美的光明前途”，只要中国得到自由与解放，“这种创造力，将会无限地发挥出来”。他深情地倾诉：“中国是生育我们的母亲！”他振臂高呼：“赶快起来，救救母亲呀！”他号召大家，“持久的艰苦的奋斗”，“从帝国主义恶魔生吞活剥下，救出我们垂死的母亲来！”

他嘱咐战友，“不要悲观，不要畏馁，要奋斗，要持久地艰苦地奋斗！把各人所有智慧才能，都提供于民族的拯救吧！”字字句句表达了方志敏对祖国和人民的无限眷恋和热爱。

就这样，在敌人的牢房里，方志敏每天工作16个小时，写下一篇篇传世之作，形成别具一格的“狱中文学”。这些用心血和生命编织而成的文稿，不仅使后人真正领悟到“文章千古”的含义，其优美的文字、充沛的情感，同样使人热血沸腾，激情澎湃，成为中华民族千古不朽的精神财富。几十年来，《可爱的中国》《清贫》多次被选入中小学教材，成为无数中小学生背诵传读的经典之作，更成为中华儿女铭刻心底的红色记忆。

方志敏以生命凝结而成的狱中文稿，在他的精心安排下，在正义人士的帮助下，很大一部分传出了敌人的监牢。当时这些文稿有的散佚民间，有的流向海外，但终有两路辗转反复，送到了党中央。方志敏狱中文稿由此得以行险侥幸，世代传颂，在中国乃至世界上产生了巨大影响，不仅激励着共产党人前赴后继、英勇奋斗，许多党外人士、爱国华人、国际友人，都从中了解了中国共产党，了解了中国革命。有人曾经说，《可爱的中国》和《清贫》，胜过了一部政治纲领！

## 18 “以身殉志，不亦伟乎”

眼看着黔驴技穷，猿猴取月，无计可施，国民党图穷匕见，穷凶极悖，对方志敏痛下杀手。但公开杀害抗日将士，又怕激起变故，于是蒋介石残忍地下达密令：“秘密处死！”

1935年8月6日，方志敏被国民党反动派秘密杀害于江西省南昌市下沙窝。

这一天，南昌城天色阴暗，南昌城里杀气腾腾。

凌晨，天穹像倒扣的锅底，天地间灰蒙蒙的。一群全副武装的国民党匪兵突然涌进监狱，将方志敏从狱中提出，把他的双手反铐起来，丧心病狂地把一块毛巾塞进方志敏口中。

手电筒乱照，群魔乱舞，群妖乱叫。方志敏

知道，敌人要对自己下毒手！他神色凛然，目光坚定，泰然自若，在心底里向党和人民作最后的告别，向可亲可爱的祖国作最后的诀别。

敌人把方志敏架上卡车，立即开出伪军法处，穿过军警密布、戒备森严的马路，径向城北驶去，来到刽子手的行刑地。这里是赣江与抚河交汇处南岸的一片沙滩，荆棘丛生，乱石成堆。刑场上布满荷枪实弹的匪兵，虽然远近空无一人，却剑拔弩张，岗哨林立，如临大敌。

敌人凶神恶煞一般，押着方志敏向刑场走去。

天色更加晦暗，天空飘下了细雨。

苍天虽然不老，但苍天潸然有情！

死亡，吓不倒视死如归的共产党人，刑场，同样是革命者拼杀冲刺的战场。面对人生的最后时刻，方志敏毫无惧色，从容镇定，拖着铁镣，一步一步走上刑场，虽步履沉重，却正气浩然，无比坚定。历尽摧残折磨而依然魁梧高大的身躯，犹如威武的山岳，胜过挺拔的红枫，傲然屹立滔滔赣水之滨。

枪声响了。方志敏望着烟雨蒙蒙的天空，看着可爱而多难的祖国，像一座大山，慢慢倾斜，缓缓倒下。鲜血染红了祖国母亲的土地，方志敏倒在祖国母亲的怀中。

这一年，方志敏 36 岁。

方志敏牺牲的时候，脚上还戴着敌人的镣铐！

方志敏是被敌人秘密杀害的。敌人害怕方志敏在人生的最后时刻发出惊天动地的呼喊，事先凶残地把他的嘴巴牢牢封死，在生命的最后时刻，方志敏发不出任何声音。

但是，在之前写给党中央的信《我们临死以前的话》中，方志敏早已朗朗喊出自己的心声：

在法西斯匪徒们拿枪向我们的头颅胸膛发射，或持刀向我们头上砍下之前，即在我们流血之前，我们将用最大的阶级愤怒，高呼下列口号：

打倒日本帝国主义！

打倒卖国的国民党！

红军最后胜利万岁！

中华苏维埃共和国万岁！

中华民族解放万岁！

中国共产党万岁！

丹心映日月，铁骨励后人！千百年来，中华民族以身报国、赴死如归的仁人志士灿若群星，数不胜数。方志敏，则是千千万万中华民族英雄的杰出代表，他把中华民族的优秀品质与共产党人的理想追求完美结合在一起，把中华民族精神升华到一个崭新境界。方志敏的死，气壮山河，气贯长虹，气冲霄汉！方志敏的生，如日月经天，江河亘地，千古不朽！

方志敏牺牲后，他的事迹很快传播开来。当年 8 月，中共中央和中华苏维埃中央政府发表《为抗日救国告全体同胞书》，把方志敏列为中华民族的民族英雄。方志敏牺牲的消息传到当月在莫斯科召开的共产国际第七次代表大会，全世界无产阶级革命的代表为之起立默哀，风暴一般长呼："中国共产党万岁！" 1935 年 10 月，中共中央驻共产国际负责人在共产国际第七次世界大会上，特别提到"中国红军北上抗日先遣队的总司令方志敏"；1937 年 1 月 24 日，党中央机关报出版"纪念民族英雄方志敏同志专号"，对方志敏的牺牲表示沉痛哀悼。

毛泽东听闻方志敏牺牲的噩耗，悲痛不已。1938 年 3 月，毛泽东在延安会见刚被党从监狱中营救出来的方志敏的妻子缪敏。缪敏动情地说："主席，方家一门忠烈啊！"毛泽东紧紧握着缪敏的手，感慨万端："方志敏牺牲了，真可惜。他死得伟大，我很怀念他。"毛泽东边讲边流下了眼泪。直到晚年，毛泽东依然忘不了方志敏："以身殉志，不亦伟乎？"

1940 年，在抗日战争处于最黑暗的阶段，叶剑英感叹于方志敏的革命精神、民族大义，在一张烈士遗照上写下了荡气回肠的感人诗句：

血战东南半壁红，
忍将奇迹作奇功。
文山去后南朝月，
又照秦淮一叶枫。

诗中，叶剑英赞誉方志敏是文天祥之后中华民族又一位伟大的民族英雄。

周恩来对方志敏的感怀同样情真意切、殊深

轸念。他把叶剑英的这首诗抄在笔记本的扉页上，随时看到，随时朗读，以此激励共产党人坚定信念，不畏艰险，勇往直前。

方志敏，成为中国共产党用铁血锻造出来的伟大民族英雄，而在中华民族的英雄史册上，必将永远镌刻着中国共产党人的民族英雄代表——方志敏！英雄不死，英灵永生！

方志敏的英雄业绩和崇高气节，也受到世界爱好和平和正义人士的高度赞扬。1935 年 12 月，共产国际把方志敏的名字与朱德、毛泽东并列，称为“中华苏维埃和中国红军的领导者”。1936 年 1 月，中国共产党在法国创办的《救国时报》率先出版《民族英雄方志敏》一书。此后，方志敏的事迹不断为各种报刊所登载，对于鼓舞中华民族的全民族抗战，让世界人民了解中国，产生了巨大的影响力和冲击力。国民党反动派则心惊胆战，惶恐不安，手忙脚乱地到处去查禁这些报刊。

19

# 枫红柏青祭英魂

“爱国、创造、清贫、奉献”，是方志敏一生的精彩写照，是方志敏精神的崇高内涵。几十年来，方志敏的名字响彻华夏大地，方志敏精神激励着亿万炎黄子孙。党的几代领导人多次发表过纪念方志敏的讲话。邓小平同志亲自为烈士墓敬献花圈，并为 1985 年出版的《方志敏文集》题写书名。

然而，在方志敏牺牲后的几十年里，他深爱的中华大地上，却没有一处烈士的安身之所。因为方志敏是被敌人秘密杀害的，烈士的忠骨在哪里，没人知道。为了缅怀这位伟大的革命先烈，1955 年，党中央郑重作出寻找方志敏烈士遗骨的决定，刘少奇亲自指示江西省成立方志敏遗骨调查小组。

由于时间过去20多年，没人知道烈士遗体掩埋的地方。人们只能依据方志敏就义前的刑场照片来判断，觉得烈士遗骨应该戴有镣铐。可是两年时间一晃就过去了，虽然调查小组穷心剧力，全力查找，在挖掘出的尸骨中，却没有一具戴着镣铐。寻找烈士遗骨的工作就像石投大海，无迹可寻。

苍天有眼，红土有情。1957年春，江西化纤厂建设在南昌下沙窝破土动工。工人们挖地基时，意外发现了一堆骨骸，并伴有一副脚镣！调查小组立即来到现场。但这是不是方志敏戴的脚镣？没人清楚。于是，一份江西省政府的加急电报，迅速发往浙江东阳北麓中学，请凌凤梧先生火速赶往南昌。

凌凤梧，浙江金华人，一度代理国民党南昌绥靖公署军法处看守所的所长。方志敏被押解到南昌时，凌凤梧正是所谓的看守所所长。当时顾祝同亲自向凌凤梧传达蒋介石的旨意，告诫他要严管和“劝降”方志敏。但在“劝降”中，凌凤梧被方志敏的风骨气韵折服，为方志敏材茂行洁的人格所感动，成为敬佩和尊重共产党的人。他不仅尽力为方志敏提供便利，为减少方志敏的痛苦，又借口“便于劝降”，为方志敏取下10斤重的镣铐，换上较为轻小的脚镣。由于方志敏就义后，敌人从方志敏的囚室里搜出一张字条，内容是感谢凌凤梧为他换了轻镣，凌凤梧立即被国民党以通匪罪撤职拘押，最后押回浙江原籍，在当地做了一名中学教师。

凌凤梧急急忙忙赶到南昌。次日一大早，便和缪敏、方志纯等一起驱车直奔下沙窝。

面对刚刚见到天日的骨骸，现场所有人的心都在颤抖。

凌凤梧走到遗骨前，轻轻托起套着两根胫骨的铁镣，掂掂分量，用手抹去剥落的锈屑，仔细辨别镣铐上的型号。

“就是这副脚镣！敏弟啊敏弟……”凌凤梧看清楚了，不由得悲从中来，失声痛哭。

在场的人“扑通”“扑通”全跪了下来，现场哭声一片。

通过江西省公安厅法医工作室的排查，并送国家司法部法医研究所审定，1958年5月26

日，在挖出查验的近百块遗骨中，有9块被确认是方志敏烈士的遗骨！

毛泽东听说找到了方志敏的遗骨，十分激动。1964年12月，毛泽东为方志敏亲笔题写墓碑："方志敏烈士之墓"。

与天地兮同寿，与日月兮齐光。今天的方志敏烈士陵园，位于南昌市西郊梅岭山麓，烈士的9块遗骨，就安葬在园内的烈士墓中。烈士墓为汉白玉砌成，背依青山，面对东方，墓前有11层台阶，157级，汉白玉墓碑正中镌刻着毛泽东的题词。烈士陵园于1965年完工，如今林木葱郁，碧水回环，松柏环抱，1986年被国务院批准为全国重点烈士纪念建筑物保护单位，2001年被中宣部批准为全国爱国主义教育示范基地，2005年被中宣部、民政部等六部委确定为全国重点红色旅游景点。

江西，这块红色的土地，这块英雄辈出的热土，既是方志敏战斗的地方，也是英雄的诞生地。在江西境内，还兴建有许多烈士纪念设施——南昌沿江北大道建立了方志敏爱国事迹陈列馆，弋阳县城北峨眉嘴山顶建立了方志敏纪念馆，方志敏浴血战斗的怀玉山建有《方志敏清贫丰碑》……众多纪念设施为广大群众缅怀先烈、重温历史、坚定共产主义理想信念，提供了一本本鲜活的红色教材，穿越时空，历久弥新！

在横峰县葛源闽浙赣省委机关办公地旧址，生长着一丛方志敏亲手栽下的美人蕉。80 多年来，每到春风吹度、丽日朗照，一兜兜饱含生命芬芳的花苞竞相吐蕊绽放，美艳鲜红的花儿同满天彩霞烧成一片，仪态万千，鲜艳夺目，恰似方志敏 36 年的人生写照，也是方志敏留给后人的无尽情思和无限怀念。

血痕化碧，万株枫红！方志敏，一个光辉伟大的英雄名字，一座高耸入云的巍峨丰碑，他用热血和忠诚，奏响了励志报国、以身殉国的生命乐章，谱写出共产党人崇高理想信念的不朽赞歌！方志敏精神已经成为中华民族弥足珍贵的精神财富，方志敏的名字已经成为共产党人清白做人、正派干事的鲜红标记。他那富有哲理而又充满诗意的话语，时时激荡在千千万万后来者火热滚烫的胸膛：

我流血的地方或我瘗骨的地方，或许会长出一朵可爱的花来，这朵花，你们可视为我的精神寄托吧！

1940年，在抗日战争处于异常艰难的时刻，后为共和国元帅的中共南方局常委兼军事部部长叶剑英，感怀方志敏的崇高人格和不朽功绩，肃然写出“血战东南半壁红”的磅礴诗作。随后，文学巨匠郭沫若又写下气势如虹、感人至深的诗句：

千秋青史永留红，
百代难忘正学功。
纵使血痕终化碧，
弋阳依旧万株枫。

天地存肝胆，江山阅鬓华！

2016年7月1日，中共中央总书记习近平在纪念中国共产党建党95周年的讲话中，引用了方志敏的名言——“敌人只能砍下我们的头颅，决不能动摇我们的信仰”，并号召全党和全国人民：“我们一定要铭记烈士们的遗愿，永志不忘他们为之流血牺牲的伟大理想。”

图书在版编目（CIP）数据

方志敏 / 张树军主编；王相坤，李克实编著. --北京：学习出版社，2019.5（2021.5 重印）

（中华先烈人物故事汇）

ISBN 978-7-5147-0909-4

Ⅰ.①方… Ⅱ.①张… ②王… ③李… Ⅲ.①方志敏（1899-1935）—传记 Ⅳ.①K827=6

中国版本图书馆CIP数据核字（2019）第091145号

方志敏

Fāng Zhìmǐn

主编/张树军 副主编/王相坤 编著/王相坤 李克实

责任编辑：李 琳 封面绘画：邵家声

技术编辑：贾 茹 内文插图：陆小弟

美术编辑：杨 洪 组织绘图：上海志愿文化公司

出版发行：学习出版社

北京市东城区崇外大街11号新成文化大厦B座11层（100062）

010-66063020 010-66061634 010-66061646

网 址：http://www.xuexiph.cn

经 销：新华书店

印 刷：北京盛通印刷股份有限公司

开 本：787毫米×1092毫米 1/32

印 张：5.125

字 数：72千字

版次印次：2019年5月第1版 2021年5月第13次印刷

书 号：ISBN 978-7-5147-0909-4

定 价：20.00元